BIBLIOTHÈQUE DES CAHIERS DE L'INSTITUT DE LINGUISTIQUE DE LOUVAIN — 48

COMPARATISME 2

LA MÉTHODE COMPARATIVE
dans les
SCIENCES DE L'HOMME

par

GUY JUCQUOIS

Université de Louvain
Chaire Francqui au titre belge

Publié avec le concours de la Fondation Francqui

Éditions PEETERS
LOUVAIN-LA-NEUVE

PUN
NAMUR

1989

D/1989/0602/21   ISBN 90-6831-171-9

© PEETERS   et   Publications Linguistiques de Louvain
  Bondgenotenlaan 153   Place Blaise Pascal 1,
  B-3000 Leuven   B-1348 LOUVAIN-LA-NEUVE

Printed in Belgium

RECHERCHES SUR LES FONDEMENTS DU COMPARATISME

1. Le comparatisme:
   t. 1: Généalogie d'une méthode, 1989.
   t. 2: Emergence d'une méthode (en préparation).
   t. 3: La comparaison dans les sciences de l'homme (en préparation).
2. Analyse du langage et perception culturelle du changement. L'application de la notion de différentiel au langage, 1986.
3. Les modèles de l'homme. Sciences et langage des normes:
   t. 1: Les règles de la grammaire sociale (en préparation).
   t. 2: Les règles de la grammaire scientifique (en préparation).
4. De l'égocentrisme à l'ethnocentrisme ou les illusions de la bonne conscience linguistique, 1986.
5. Économie et communications. Les pouvoirs de la parole (en préparation).
6. L'intégration de la différence. Les changements de la parole (en préparation).

INTRODUCTION

Les textes publiés dans ce volume reprennent les conférences faites, de février à mai 1989, aux Facultés Universitaires Notre Dame de la Paix à Namur dans le cadre de la Chaire Francqui au titre belge.

On a mis à profit l'opportunité qui nous était offerte de publier ces conférences pour développer quelque peu le texte initial en explicitant davantage un certain nombre de points, en en modifiant d'autres suite aux questions et discussions qui suivirent chaque conférence et en complétant le texte lui-même de références, de notes et d'une bibliographie.

Les textes qu'on soumet au lecteur ne concernent, en particulier, aucune spécialité des sciences de l'homme. Il nous semble, cependant, que toutes sont également interpellées par la problématique comparative, dans la mesure où celle-ci ne peut se définir comme une épistémologie ou une méthodologie nouvelle ou complémentaire par rapport à ce qui se pratique habituellement, mais où il faut la comprendre à la fois comme un «certain regard» porté sur la connaissance de l'homme et comme une épistémologie de la variance en rupture par rapport aux épistémologies classiques.

Nous avons eu la chance de bénéficier, à de nombreuses reprises, du savoir de divers Collègues. Grâce aux conversations, discussions et divergences, nous avons pu progressivement préciser nos propres positions dont cet ouvrage constitue une étape. Que ces Collègues trouvent ici la marque de notre gratitude !

Mais c'est surtout grâce à l'aide de Monsieur Damien HUVELLE que nous avons pu rassembler et traiter un grand nombre de documents. C'est aussi, au cours de nombreuses discussions et promenades, que nous avons pu confronter nos conceptions et discuter de leurs applications éventuelles. Comment le remercier de son amabilité et de son efficacité, sans offenser sa discrétion ?

1. LE COMPARATISME DANS L'HISTOIRE DE LA PENSEE

Résumé : *Le comparatisme se situe au noeud de plusieurs paradoxes : la comparaison est-elle ou non la forme naturelle de la pensée. Le comparatisme doit-il se définir d'abord méthodologiquement ou d'abord historiquement ? Aucune des deux solutions ne paraît totalement satisfaisante : une science n'apparaît que quand elle est historiquement nécessaire ou inévitable et sa méthodologie ne s'élabore que dans les moments de lucidité ou de clairvoyance que suscite cette nécessité historique. C'est le cas aujourd'hui pour le comparatisme.*

Plan :

1. Introduction : La comparaison, forme naturelle de la pensée ? Contradictions apparentes entre deux types de comparaisons. Auto-implication ou non. Difficultés méthodologiques.

2. Approche «méthodologique» : Comparatisme lié aux sciences de l'homme, conséquences. La question des origines posée par les métho-dologistes. Aspect mythique et occultant de cette démarche.

3. Approche «historiciste» : Définition provisoire de la comparaison. Des époques d'expérimentation de la comparaison. Trois époques-char-nières : Sophistes, Renaissance, des Lumières à aujourd'hui.

4. Conclusion : Le comparatisme actuel et sa nécessité. Quelques traits définitoires.

Révérend Père Recteur, Monsieur le Doyen, Chers Collègues,
Mesdames et Messieurs,

Le but de la Chaire Francqui est, sans doute, de faciliter les contacts
scientifiques. Permettez-moi de vous remercier très cordialement de
m'avoir donné l'occasion d'approfondir les contacts que j'avais noués
déjà auparavant avec votre Alma Mater et ainsi de confronter mes
tâtonnements, que je n'oserais déjà qualifier d'hypothèses, avec votre
propre expérience. Puis-je nous souhaiter des rencontres renouvelantes
pour vous et pour moi ?

J'ai suggéré comme thème de ce cycle de conférences «le
comparatisme dans les sciences de l'homme». Je tenterai, en effet,
d'aborder le comparatisme en tant que méthode spécifique aux sciences
de l'homme, moins, comme on le fait généralement, en tant que méthode
éventuellement accessoire d'une épistémologie propre à chaque domaine,
qu'en tant qu'un regard global et totalisant sur l'ensemble des sciences de
l'homme.

Le sujet de cette première conférence est le comparatisme dans
l'histoire de la pensée. J'espérais, en le proposant, une entrée «en
douceur» dans le domaine du comparatiste. En préparant cet exposé, je
me suis heurté à une difficulté que je connaissais depuis longtemps, mais
dont j'avais une nouvelle fois sous-estimé l'importance.

En effet, d'emblée j'ai dû rencontrer, pour définir quelque peu mon
propos et ses limites, les paradoxes de la comparaison. Comment tracer
les grandes lignes de l'histoire d'une pensée sans définir au préalable ce
qui la spécifie ? Ce n'est donc pas une histoire du comparatisme que j'ai
ébauchée, mais bien deux, selon les deux positions possibles sur le plan
épistémologique. Mais commençons par une brève introduction aux
paradoxes de départ du comparatisme.

1. Introduction

Depuis les travaux de WALLON et de PIAGET sur la psychologie
de l'enfant et l'acquisition du langage, la comparaison est reconnue
comme un des principaux moyens d'extension de la pensée. Elle permet à
l'enfant de dépasser un *hic et nunc* perçu obscurément comme trop
subjectif. Procédé que l'adulte n'oubliera pas, si, comme le dit ELUARD,
«tout est comparable à tout» (Cité dans DEMOUGIN. éd. 1985. 357 s.v.
«comparaison»). D'aucuns estiment, en effet, que la comparaison est la
forme la plus naturelle et la plus spontanée de la pensée.

A l'instar des Sophistes de l'Antiquité, Sophistes dont on reparlera
plus loin, faisons également écho à la thèse inverse. PIAGET, encore lui,
estime que la tendance à la comparaison «est loin d'être aussi générale et
aussi naturelle qu'on pourrait le croire» (1971. 9), et il ajoute qu'au
contraire «les deux tendances les plus naturelles de la pensée spontanée et
même de la réflexion en ses stades initiaux sont de se croire au centre du

monde, du monde spirituel comme matériel, et d'ériger en normes universelles les règles ou mêmes les habitudes de sa conduite».

Pourtant, ces points de vue ne sont contradictoires qu'en apparence : joints l'un à l'autre, ils nous enseignent que la comparaison devrait nous aider à nous décentrer de nous-mêmes. Si la comparaison fait entrer l'Autre dans notre champ perceptif et cognitif, elle instaure dès lors dans la relation dialogique une dimension auto-implicative, ou elle renforce cette dimension dans la mesure où celle-ci préexistait.

Ces premières réflexions nous font pressentir certaines difficultés spécifiques du comparatisme : tantôt facteur différenciateur, il menace l'équilibre d'une autosuffisance toujours précaire, tantôt, au contraire, facteur intégrateur, il risque de provoquer l'immobilisme de l'esprit.

L'histoire du comparatisme présente également ce double aspect : d'un côté, certains comparatistes rétroprojettent leurs conceptions scientifiques et délimitent ainsi les cadres de l'histoire de cette méthode; d'autres chercheurs par contre adoptent un point de vue qu'on qualifiera provisoirement d'historiciste, reportant à plus tard les questions de méthode, bien que conscients du fait que ce report constitue également, en lui-même, une option méthodologique.

C'est ainsi, par exemple, que, selon les présupposés choisis, on fera remonter les débuts du droit comparé à SOLON ou à LYCURGUE, ou encore aux décemvirs qui se chargèrent de rédiger la Loi des XII Tables, puisque dans ces trois cas il y eut une comparaison de données juridiques préalable à la rédaction des textes législatifs. Adoptant un autre point de vue, certains juristes rattachent les débuts du droit comparé à la *République* de Jean BODIN, au XVIème siècle, pour d'autres encore c'est MONTESQUIEU, dans *L'esprit des lois* (1748), qui fonda cette discipline par le recours systématique «aux enseignements tirés des autres législations» (ANCEL. 1971. 12), pour d'autres enfin ce n'est qu'au XIXème siècle que cette science s'élabora grâce à «la présence simultanée de législations positives, définies en termes concrets, et dont la comparaison devient nécessaire au développement des sociétés nouvelles» (IDEM. 13).

Les autres disciplines comparatives permettraient aisément le même exercice. Ainsi, ETIEMBLE (1978. 11) ne craint-il pas de choisir la solution appelée provisoirement «historiciste» et ainsi de reporter la date de naissance de la littérature comparée successivement du XIXème siècle, au XVIIIème, puis aux poètes latins et finalement jusqu'au *Gilgamesh* des lointains Akkadiens. Il serait aisé, dans le domaine de la littérature comparée, de citer d'autres auteurs qui optent, au contraire, pour l'option que nous avons dénommée «méthodologique».

Il serait prématuré de vouloir trancher entre ces deux conceptions de l'histoire du comparatisme que nous avons dénommées approximativement comme «méthodologique» vs. «historiciste». Un trait que nous retiendrions cependant comme caractéristique du comparatisme dans les sciences de l'homme serait l'auto-implication, plus ou moins importante, du comparatiste dans sa propre pratique.

2. Approche «méthodologique»

Passons maintenant à la première des deux approches historiques possibles, celle que nous avons qualifiée, sans doute de manière hâtive, de «méthodologique» et qu'il vaudrait probablement mieux désigner du terme de positiviste.

En effet, cette approche se propose d'étudier le comparatisme en faisant abstraction, en quelque sorte, de l'homme qui la pratique et de la société qui la reçoit; selon les termes de GUSDORF (Dans «Diogène», 26. 1959. 71), «le positivisme scientiste nourrit l'étrange ambition de constituer une science de l'homme sans l'homme».

Or, si on fait abstraction d'une exception notable — l'anatomie comparée —, on constate que la méthode comparative s'adresse exclusivement aux sciences de l'homme. Non pas que les autres sciences ne fassent pas appel à la comparaison dans leur pratique, ni qu'elles n'utilisent pas quelque éléments d'une méthode qui rappellerait le comparatisme, mais simplement qu'il y a quelque chose de spécifique aux sciences de l'homme qui rend le recours au comparatisme plus nécessaire, sinon indispensable dans ces disciplines.

En effet, la spécificité des sciences humaines ne réside ni dans les buts qu'elles s'assignent, ni même pour une bonne part dans les méthodes qu'elles entendent appliquer, telles que l'observation, les contrôles et les recoupements, voire l'expérimentation (KOURGANOFF. 1965. 79). A ce titre, elles tendent également, comme les sciences de la nature, à la suppression des préjugés et des superstitions et visent donc aussi «à la libération spirituelle de l'homme» (IDEM. 80).

Pourtant les sciences de l'homme diffèrent sensiblement des sciences de la nature. Tout d'abord, il est clair que l'homme dans le savant est moins impliqué dans les sciences naturelles qu'il ne l'est, ce qui est le cas dans les sciences humaines, lorsqu'il devient simultanément spectateur et acteur, c'est-à-dire juge et partie.

Difficulté inhérente à nos disciplines, je vous l'accorde, mais qui nous met de ce fait en grand danger de mal penser, c'est-à-dire surtout de mal comparer. Rappelons-nous ces propos de PIAGET que je citais en débutant. Pour illustrer la difficulté de bien comparer, cet auteur nous expliquait que «les deux tendances les plus naturelles de la pensée spontanée et même de la réflexion en ses stades initiaux sont de se croire au centre du monde, du monde spirituel comme matériel, et d'ériger en normes universelles les règles ou mêmes les habitudes de sa conduite» (1971. 9).

Ces difficultés que PIAGET soulignait à propos de l'enfant, ne sont-elles pas celles que l'on retrouve lorsqu'on se penche sur le fonctionnement des sciences de l'homme ? Tout d'abord, celle que l'on vient de rappeler, à savoir la difficulté, sinon l'impossibilité parfois, à être sereinement et objectivement juge et partie.

Cette difficulté en entraîne d'autres et notamment celle de se décentrer suffisamment par rapport à ses propres points de référence et aussi, ce qui n'est pas identique, celle de se savoir et de se reconnaître profondément impliqué par sa recherche.

Les corollaires d'une décentration insuffisante sont probablement les suivants. Les progrès des sciences de l'homme, au lieu de nous donner peu à peu une image unifiée et cohérente de celui-ci, nous donnent, selon les termes de Fernand BRAUDEL (1986), des vues particulières comme prises d'observatoires différents, à ceci près que ces fragments de paysages ne sont pas jointifs, mais tendent même souvent, au contraire, à devenir exclusifs l'un de l'autre.

Un second corollaire est que chaque science de l'homme tend à présenter sa perception de l'homme comme étant absolue. Cet impérialisme peut au demeurant être encore renforcé, pour un temps, par des effets de mode, comme ce fut le cas par exemple pour la linguistique ou la sociologie, l'anthropologie ou la psychanalyse, pour ne citer que quelques exemples.

Enfin, la demande publique d'efficacité et l'exigence d'applicabilité immédiate ont toujours rencontré la convergence des désirs de nombre de spécialistes des sciences de l'homme, heureux de trouver ces marques supposées d'appréciation de leur discipline, et d'autre part la volonté d'une grande partie des autorités politiques et, bien souvent, des populations elles-mêmes ravies d'entendre un discours qui ne remît pas en cause un savoir largement autocentré et sans grandes implications.

C'est dans ce contexte particulier qu'il faut comprendre le comparatisme et c'est ce qui justifie, pensons-nous, de le caractériser essentiellement et en première instance comme la capacité acquise de se décentrer et de s'impliquer. C'est ce qui explique l'extension de cette méthode aux seules sciences de l'homme et aussi les variations dans la réception d'un discours comparatiste selon les époques et les sociétés.

Les tenants de ce que nous avons appelé une approche «méthodologique» reconstruisent l'histoire du comparatisme selon les présupposés de leur méthode. Ne songeant que peu, sinon pas du tout, aux difficultés de la décentration et de l'implication personnelle, ils recherchent dans le passé les marques leur permettant de retrouver l'origine de «leur» comparatisme. Ces mêmes marques structurelles, ils les proposent également comme ligne directrice de leur recherche actuelle.

L'histoire qu'ils proposent est de ce fait hors du temps et est proprement mythique. Ceci demande un mot d'explication. L'intérêt manifeste des partisans d'une histoire «méthodologique» pour la question de l'origine du comparatisme — ainsi ANCEL (1971. 12-13) — doit s'expliquer par leur désir de combler un vide, «à sa limite extrême irréductible, entre connu et inconnaissable» (VALABREGA. 1988. 29).

Ce qu'on peut appeler un mythe d'origine instaure une frontière, ou mieux une limite incontournable, entre un avant, radicalement différent d'un après, et cet après lui-même.

Dans cet après ne règnent que les catégories du connu ou du connaissable par un moi qui ne s'exilera pas ou plus en dehors de lui-même. On est décidément dans un univers auto-centré, sans réimplication du sujet, univers dont les limites et les règles de représentation et d'interprétation sont définitivement celles du moi.

Ces conceptions se manifestent notamment lorsqu'on prétend appliquer à, ou retrouver dans, un ailleurs temporel ou spatial, des manières de penser propres à nous-mêmes. Faut-il préciser que le comparatisme se définit souvent de cette manière restrictive ? Ainsi, pour ne prendre qu'un seul exemple, l'histoire comparée pourrait se définir, selon BARRACLOUGH, citant un programme universitaire (1978. 435), «comme la conceptualisation et l'étude du passé en fonction de catégories et de paradigmes politiques, sociaux, économiques, culturels et psychologiques que nous-même établirons».

De telles conceptions du comparatisme ne peuvent toutefois se révéler opérantes que dans la mesure où elles n'instaurent pas de ce fait les limites d'un territoire, hermétiquement clos, au sein duquel se ferait toute comparaison pour qu'elle soit recevable. On devine les apories de cette restriction... !

3. Approche «historiciste»

Répétons-le, c'est dans la capacité du sujet à pratiquer une décentration sinon permanente, du moins périodique, et cela tout en s'impliquant personnellement et profondément dans la démarche scientifique, que se situe le comparatisme.

C'est pourquoi, à une démarche «positiviste», nous préférons celle qui aborde l'émergence du comparatisme, dans l'histoire de la pensée occidentale, d'une manière rapidement qualifiée d'«historiciste».

Nous entendrons ce terme d'une manière peut-être un peu particulière et restreinte dans le sens «que toute connaissance objective du passé ne se réalise qu'à travers l'expérience subjective de celui qui l'étudie» (DUMOULIN. 1986. 329), cette expérience subjective devant à son tour et radicalement faire l'objet d'un examen critique comparatif entre compatriotes, contemporains ou non, d'un même niveau culturel ou non, mais aussi d'une comparaison avec des penseurs étrangers contemporains, de diverses époques et de divers niveaux culturels.

Reconnaître ce type d'exigence comparative, en tant qu'exigence inachevable, suppose une prise de conscience et un patient travail de dévoilement de l'inconscient, c'est-à-dire précisément ces capacités de décentration et d'auto-implication dont nous parlions il y a quelques instants.

Ainsi provisoirement délimité, le comparatisme se manifeste durant certaines périodes de l'Europe occidentale. Nous en distinguerons trois qui constituent des époques-charnières ou de grands moments d'expérimentation de la comparaison. Durant ces périodes, les phénomènes ont été perçus, pensons-nous, d'une manière particulièrement favorable au comparatisme[1].

La plus ancienne période se situe dans l'Antiquité et correspond à la Première Sophistique. Pour la première fois dans l'histoire de l'humanité, une ville grecque, Athènes, tente de vivre la démocratie. Les facilités commerciales, développées alors dans cette région du monde, et la prospérité économique générale, non seulement favorisent les relations extérieures, mais les rendent même nécessaires.

Cette décentration commerciale, conjuguée avec l'aisance qu'elle ne manque pas d'apporter, suppose une adaptation également politique. Les riches marchands d'Asie Mineure le savent d'expérience. Il est temps d'adopter d'autres attitudes face à l'étranger, attitudes commandées, chez certains sans doute, par un véritable intérêt humaniste pour l'Autre, chez d'autres probablement par un intérêt commercial bien compris. Quoi qu'il en soit, cette situation suscite aussi sa classe de spécialistes des relations humaines et de la communication, ce sont les Sophistes.

Ceux-ci, venus de diverses régions de la Grande Grèce, apportent avec eux leur goût du cosmopolitisme et l'exigence de comparer et de relativiser tout savoir. Leur enseignement, sauf à le restituer à travers la caricature qu'en a donnée notamment PLATON, se base sur d'incessantes comparaisons avec toutes ces réalités humaines.

Ils montrent que la connaissance de l'homme n'est pas fruit du monde des Idées platoniciennes, mais bien résultat et condition en même temps de la démocratie. Celle-ci repose sur la compréhension de l'Autre et sur une mutuelle capacité d'écoute. Le pluralisme en est le fondement, il se vit dans la mise en oeuvre du comparatisme et souligne combien ce dernier doit s'apprécier dans la relation entre le langage et la réalité vécue.

---

[1] Le développement qui suit est repris pour l'essentiel à JUCQUOIS. 1989a.

L'expérience démocratique athénienne fut de très courte durée. Sur le plan de la connaissance également, les Sophistes furent rapidement oubliés au profit des tenants d'une épistémologie idéaliste. Sans doute faut-il établir une relation entre l'avènement d'institutions avec comme corrélat la chasse aux dissidents et aux hérétiques, et l'imposition d'une idéologie idéaliste dans le domaine de la philosophie et des sciences.

C'est en tout cas lors d'une remise en cause partielle des modes de savoir et des modes de pouvoir hérités de l'Antiquité qu'apparaît, dans l'histoire de l'Occident, la deuxième tentative de rapprocher discours et réalités, quitte à ce que, sous les contradictions de ces dernières, l'unité du discours et celle du savoir soient remises en cause. Cette deuxième période, c'est ce qu'on appelle la première Renaissance.

Longtemps contenu s'exprime alors, parfois brutalement, toujours avec vivacité sinon exubérance, à travers le désir de l'Autre, le désir d'être autrement. Cette revendication s'affirme aussi bien dans la volonté de pluralisme qui anime la Réforme à ses débuts, que dans la rupture littéraire qui caractérise ceux qu'on appelle les Grands Rhétoriqueurs ou encore dans la soif de nouveaux paysages et dans le désir de rencontre d'autres cultures à l'origine des grandes découvertes.

Cette volonté d'être autrement, d'être ici et ailleurs, cette volonté d'une multiplication des contacts se manifeste encore à travers la «découverte» de l'imprimerie et la diffusion très rapide du livre. L'hérésie, religieuse ou politique, un moment tolérée, puis rapidement combattue, s'exprimera bientôt dans l'équivalent de ce que les dissidents russes appelleront le tamizdat, ou la publication à l'étranger.

Tous ces mouvements s'articulent finalement autour de l'affirmation d'une pluralité humaine et de la nécessaire tolérance qui en résulte, comme aussi autour des contradictions et tiraillements qui s'exacerberont ensuite, dans tous les domaines, jusqu'à la fin de l'Ancien Régime dont ils provoqueront la fin.

Malgré les réticences, malgré les résistances, le processus d'ouverture à l'Autre inauguré au XVIème siècle devait déboucher, près de trois cents ans plus tard, sur un renouvellement anthropologique de l'Occident. C'est la troisième période dans l'histoire du comparatisme qui s'ouvre alors et qui se marque conjointement par l'avènement de structures plus démocratiques et par un essor scientifique évident, dès les débuts du XIXème siècle.

L'idéalisme cède alors le pas, progressivement, à diverses philosophies contemporaines, car se perd l'illusion d'un langage qui serait abstrait des contingences de son fonctionnement. Au désir de l'Autre, désir parfois fugace ou immature, qui caractérisait la première Renaissance, succède la nécessité de la rencontre avec l'Autre.

Cette rencontre tourna parfois, trop souvent, à la destruction ou à l'asservissement de l'étranger, mais progressivement se fit jour une nouvelle approche dont le caractère inéluctable marque notre époque. L'obligation et la fréquence grandissante des échanges entre cultures contraint des masses de plus en plus considérables au plurilinguisme, et leur pluriculturalisme en même temps que la multiplication des contacts engendre — sauf impréparation débouchant au contraire sur le racisme et la xénophobie — une meilleure capacité de compréhension et de rencontre.

L'avènement d'une pensée comparative se manifeste durant chacune de ces trois phases. Celles-ci constituent les grands moments, dans l'histoire de l'Occident, où se développent, intérieurement et extérieurement, les marques de décentration et d'auto-implication qui constituent, en première approximation, les traits essentiels du comparatisme.

Le mérite n'en revient sans doute pas à la qualité des hommes qui, à ces époques charnières, auraient été meilleurs, plus ouverts, plus curieux et plus tolérants qu'aux autres époques. On constate simplement que ces qualités, fondamentales pour une relation valablement dialogique, se développent principalement dans des périodes de détente et de bonne acceptation de l'altérité, elles s'étiolent au contraire lorsque la crainte de l'inconnu l'emporte de trop sur son attrait et sur l'intérêt de la rencontre.

Ces rapides considérations sur deux manières de considérer l'apparition du comparatisme dans la pensée occidentale m'amènent à conclure.

4. Conclusion

L'être humain est habile à ruser avec lui-même comme avec ses semblables. La vérité de l'inconscient n'affleure que très lentement au niveau du conscient. Ce n'est que dans le développement de l'histoire que l'inconscient se manifeste. C'est vrai pour le sujet, c'est sans doute vrai également pour les peuples...

Dans ce cas, la comparaison implique le sens de l'histoire et du temps, ce qu'on appelle aujourd'hui la longue durée, ou plutôt, selon les termes de Fernand BRAUDEL (1986. 69 sq.), l'histoire selon la longue durée ne peut être que comparative.

Pratiquer ce comparatisme suppose aussi la capacité de voyager, plus nécessaire d'ailleurs au figuré qu'au propre. C'est accepter en soi un exil dont on sait qu'il sera éventuellement momentané, mais que l'on s'efforce de vivre comme s'il devait être définitif, à l'instar de l'attitude qu'est censé avoir celui qui entreprend une analyse didactique. On sait, en effet, que celle-ci n'a quelque chance d'être positive que dans la mesure où elle est vécue, au moins aussi, comme une analyse tout court.

La gratuité de la démarche n'exclut évidemment pas — que du contraire, je dirais qu'elle les conditionne et les favorise ! — les retombées positives ultérieures. La mondialisation des échanges de tous types contraint de plus en plus de monde sur la terre à des relations qui débordent le cadre étroit de notre propre enracinement.

Ces échanges, nous le verrons dans une prochaine conférence, peuvent, le cas échéant, être imposés à l'Autre selon des conditions définies unilatéralement. Faute de second terme, ces échanges — qui se dénommeraient plus adéquatement corvées et tailles — ne débouchent jamais sur la comparaison, au sens du moins où nous l'avons entendue aujourd'hui. A long terme, cette tendance déboucherait sur un monde indifférencié dont les anthropologues et les sociologues nous avertissent qu'il engendrerait des violences plus meurtrières que la guerre atomique ou le terrorisme.

Moins sommaires, les échanges peuvent aussi, c'est une seconde hypothèse, s'effectuer dans la préservation, du moins à moyenne échéance, des termes de la comparaison. Celle-ci se ferait dans le respect transitoire de l'altérité, mais en escomptant bien que l'accélération et la multiplication des relations aboutirait, tôt ou tard, à faire l'économie des différences non réductibles. A long terme, la comparaison deviendrait, dans cette hypothèse, inutile, la spécificité ne demeurant que de pure forme.

Cette perspective s'appuie sur la comparaison pour orienter son propre cheminement en direction d'une uniformisation par paliers. La visée est dans l'immédiat plus respectueuse de l'Autre, l'accent est cependant mis sur l'utilité et l'économie. La normalisation escomptée permet sans doute de réduire les coûts. Cependant, appliquée sans discernement à l'être humain, elle ne peut qu'aboutir à un processus de désindividuation qui, s'il devait être généralisé à l'ensemble des signifiants humains, ne serait, à longue échéance, guère différent de celui envisagé dans notre première hypothèse.

Dans la troisième hypothèse, les échanges se font de manière apparemment moins économique puisqu'ils se pratiquent sur un fond de différences dont on a pris conscience, de part et d'autre, qu'ils constituent non seulement une richesse, mais la condition même de notre existence en tant qu'êtres appelés à s'épanouir et à s'individuer dans l'harmonie collective.

Dans ce cas, la comparaison s'avère un instrument indispensable pour connaître mieux l'étranger et soi-même. Dans le dialogue amorcé avec celui-ci, la variation n'est pas en danger de réduction. La comparaison souligne avec insistance les limites humaines à la communication : le sujet renonce à un discours total et universel.

Refaisant, dans la communication avec l'étranger[1], l'expérience des limites du dire, réintégrant ces limites dans sa propre expérience, grâce à des jeux incessants de comparaisons, le sujet découvrira que c'est par l'impossibilité à tout dire (LACAN. 1974. 9), chez l'Autre, chez lui et entre eux, que leurs discours dévoilent, chacun à sa manière , le lien mystérieux qui unit la vérité au réel et chaque homme à ses semblables.

---

[1] L'apprentissage, par exemple, des langues étrangères peut servir de révélateur de ces trois hypothèses : le recours exclusif, pour des anglophones, à leur seule langue maternelle illustre la première. La seconde est sans doute la situation actuelle de la CEE : nécessité d'un plurilinguisme et d'un pluriculturalisme accompagnée de la tentation d'une uniformisation sinon formelle du moins sémantique et culturelle. La troisième hypothèse est notamment celle que suggère ETIEMBLE (1978. 12), en parlant de la formation des comparatistes. Il propose, en effet, que l'état prévoie un quota d'élèves pour l'apprentissage de diverses langues, surtout fort différentes des nôtres, telles que l'arabe, ou une langue turcique, ou encore une langue dravidienne, etc.
Un tel apprentissage aurait comme conséquence qu'au sein de chaque peuple vivrait en permanence un certain nombre de personnes formées aux relations avec diverses cultures étrangères et dont elles parleraient les langues.
A notre connaissance seule l'URSS semble s'être engagée dans cette voie, mais avec timidité et en se restreignant à l'étude des principales langues occidentales...
Ce serait sans doute la chance unique de la CEE que de pouvoir maintenir les spécificités qui la constituent tout en resserrant les liens communautaires. S'engagera-t-on sur cette voie... ?

2. DEUX GRANDS MOMENTS HISTORIQUES : LA PREMIÈRE SOPHISTIQUE ET LA PREMIÈRE RENAISSANCE

Résumé : A s'en tenir aux traits fondamentaux qui nous ont permis de reconnaître une pensée à dominante comparative, on mettra en évidence trois moments privilégiés dans l'histoire du comparatisme, le troisième ayant débuté au XIXème siècle et se poursuivant actuellement.

Le plus ancien de ces moments est la période appelée la Première Sophistique où pour la première fois dans l'histoire de l'humanité s'affrontent deux mentalités exclusives l'une de l'autre.

Le second moment est constitué par la Première Renaissance où un ensemble de circonstances renouvellent en plus grand l'expérience de l'Antiquité. Une nouvelle fois, ce sera le triomphe — partiel et non sans difficultés ! — de l'esprit autocentré et qui refuse de s'impliquer. Cette fois, cependant, les contradictions non résolues s'accumuleront pour aboutir aux soubresauts qui engendrèrent l'époque contemporaine.

Ces deux périodes ont en commun, notamment, un certain mode de relation au langage en tant qu'instrument de communication et d'échange ou de pouvoir et de savoir.

Plan :

1. Introduction : Les grands traits d'une pensée comparative. Conditions internes et conditions externes.

2. La Première Sophistique : L'attitude de PLATON. Situation particulière d'Athènes. Les Sophistes et leur enseignement. Le triomphe de la pensée autocentrée.

3. La Première Renaissance : Un monde de changements. Le goût d'un ailleurs. Tolérance et pluralisme.

4. Conclusion : La relation au langage : étalon du mode de relation à l'Autre. Parallélisme entre les modes de communication, d'échange et d'exercice du pouvoir.

1. Introduction.

Après la conférence d'introduction, on aura compris que les traits initiaux et fondamentaux du comparatisme sont l'auto-implication et la décentration. Nous reviendrons plus en détail sur ces caractéristiques lors de notre avant-dernière conférence.

Précisons déjà, cependant, combien ces traits supposent une certaine conception de l'altérité. Dans les processus d'auto-implication et de décentration, ce sont les données fondamentales de la psychologie indivi-duelle et des comportements collectifs qui sont profondément modifiés.

L'Autre, dans ce contexte jamais définitif, n'est évidemment ni une réplique de soi, ni encore moins un écran sur lequel on se libérerait d'un imaginaire et d'un inconscient devenus trop pesants. Il n'est non plus ni un élément de référence commode dans une démonstration destinée à renforcer une pensée déjà uniquement préoccupée d'elle-même, ni une illustration imagée et pittoresque d'un ailleurs récusé d'avance[1].

La comparaison, au sens où nous l'entendons ici, présuppose donc une connivence et un désir d'intimité avec l'Autre, attitudes vécues dans un respect attentif, ce qui est sans doute la condition d'une saine remise en cause. Presqu'inévitablement ce désir vers l'Autre amène à franchir les limites du territoire, au propre bien entendu mais aussi au figuré[2].

Franchissement des limites dont on sait combien elle constituait chez les Grecs la faute majeure, l'hybris est une sorte de folie qui n'épargne pas les dieux non plus. La comparaison avec l'étranger représente ainsi une incitation, à contre-courant, de la mentalité traditionnelle.

Le sujet comparant ressent et entretient ainsi une relative proximité avec l'objet de la comparaison. La disponibilité intérieure qui caractérise l'attitude réellement comparative suscite immanquablement une remise en cause, au moins une interrogation, généralement des changements.

Ces questionnements et les éventuelles modifications qu'ils entraînent mettent en évidence des conditions intérieures et extérieures favorisant ou, au contraire, freinant les processus de comparaison.

Sur le plan intérieur, en effet, la capacité comparative sera fonction, tant chez l'individu que dans le groupe, quoique selon des voies proba-blement différentes, des possibilités d'assumer une déstructuration, plus

---

[1] C'est ainsi, par exemple, que la comparaison juridique avec l'étranger a souvent, chez MONTESQUIEU, «moins de valeur en soi que comme illustration d'une thèse, ou comme élément — point toujours vérifié — de conviction ou de discus-sion» (ANCEL. 1971. 13).

[2] L'absence de limites fut longtemps interprétée par le monde chrétien comme une notion négative, à distinguer d'ailleurs de l'infini, attribut divin. La confusion des deux coûta la vie à Giordano BRUNO, brûlé à Rome en 1600 pour panthéisme (Cf. RODIS-LEWIS. 1984. 13 n. 1 et JUCQUOIS. 1986.c. 74 sq.).

ou moins profonde et provisoire, et aussi de dépasser l'incohérence et l'insécurité que celle-ci engendre bien souvent.

Sur le plan extérieur aussi, la comparaison s'impose souvent dans des sociétés à caractère cosmopolite, que celui-ci soit le résultat de pratiques commerciales ou d'un goût du voyage. Parfois, c'est même le désir impérieux de comparer qui suscite la vocation d'explorer et de découvrir. C'est ce qui semble s'être produit à la Renaissance.

Conditions intérieures et conditions extérieures semblent en outre agir les unes sur les autres : ainsi, dans nos sociétés occidentales, l'histoire des dernières décennies souligne sans doute la corrélation intime entre les fluctuations de la prospérité économique d'une part et de l'autre les oscillations des formes de pouvoir — ainsi la grande crise de 1929 et la montée du nazisme — ou notre capacité d'accueil et de comparaisons licites avec l'étranger — ainsi les fluctuations de perception de l'immigration européenne suivent-elles celles du pouvoir d'achat de nos sociétés occidentales.

En d'autre termes, la prospérité facilitera, jusqu'à un certain point et d'une certaine manière, la rencontre humaine avec l'Autre en abaissant le seuil de sécurité d'une société, ce qui élèvera son seuil de comparabilité. A l'inverse, une situation critique, économiquement ou politiquement, provoquera bien souvent une tendance à diminuer la latitude et la tolérance, tant psychologiques que sociales, à l'intérieur d'une société, mais aussi dans ses relations extérieures.

Ces relations doivent être comprises comme étant des hypothèses de lecture historique, sans qu'il faille pour autant en imaginer le fonctionnement comme mécanique.

L'histoire de l'Occident a connu trois périodes durant lesquelles les conditions tant internes qu'externes ont, semble-t-il, provoqué une diminution du seuil de sécurité et une augmentation du seuil de comparabilité. C'est pourquoi nous considérerons ces trois périodes comme trois moments essentiels dans l'avènement d'une pensée comparative.

Ces périodes sont de durées fort inégales : la première, dans l'Antiquité grecque, coïncide avec la brève tentative de démocratie qu'a connue Athènes. Les controverses, dont PLATON se fait l'écho, entre SOCRATE et les Sophistes en soulignent les enjeux également politiques. Le mode de pensée platonicien l'emportera et marquera la limite chronologique d'une pluralisme philosophique et politique.

La deuxième période est constituée par la Première Renaissance : une nouvelle fois la relation du langage au pouvoir et au savoir est remise en cause, à nouveau cette tentative avorte. L'intégration forcée qui s'ensuivra annonce l'absolutisme et le cartésianisme. Toutefois, certaines interrogations resteront posées et l'absence de solutions satisfaisantes contribuera de façon décisive à la fin de l'Ancien Régime.

La troisième période, que je n'aborderai pas aujourd'hui, s'enracine donc dans les difficultés qui s'accumulent depuis la Renaissance. Elle débute dans la foulée des grands changements révolutionnaires et se poursuit depuis lors. L'analyse de cette période soulève diverses questions qu'on abordera un autre jour.

Même limité à ces deux brefs moments de l'histoire occidentale, notre propos ne pourra viser à l'exhaustivité. Notre description sera plutôt allusive : mettre en évidence et en parallèle, pour chacune de ces deux périodes, l'opposition entre deux modes de pensée dont l'un est autocentré et l'autre pas, ou encore dont l'un incite à une pensée conforme et soumise, déchargeant l'individu du souci de l'altérité, et l'autre, au contraire, impliquant le sujet dans les tensions d'une pensée diversifiée à l'image d'une humanité plurielle, mais lui dévoilant progressivement aussi les infinies richesses de la diversité humaine.

On constatera donc d'une part l'ouverture à la diversité et l'acceptation de l'éventualité d'un changement personnel ou collectif, goût d'un Ailleurs, voire d'une Utopie, jamais atteint et d'autre part, éventuellement chez les mêmes personnes sinon chez d'autres, le jeu des mécanismes inhibiteurs et des résistances, les replis narcissiques ou récupérateurs.

2. La Première Sophistique.

On a pu décrire (WHITEHEAD. 1929) l'histoire de la pensée occidentale comme une longue variation autour de l'oeuvre de PLATON. Mais ce n'est pas que dans le domaine de ce qu'on pourrait appeler globalement la philosophie que son influence s'exerça : dans le domaine des idées politiques également il est presque impossible de ne pas se situer par rapport à la pensée platonicienne.

PLATON est donc un point de référence obligé alors même qu'on ne peut se décider sur l'interprétation exacte de sa pensée. Certains lui ont reproché d'avoir fait le lit des totalitarismes, j'y reviendrai, tandis que d'autres le lavaient de tout soupçon à cet égard... Certains estiment que si sa pensée se dresse incontournable dans le cheminement occidental (CHATELET. 1972. 72), c'est parce qu'elle s'est révélée efficace, d'autres, au contraire, ne voient dans ses écrits que des oeuvres poétiques strictement philosophiques, au plus des «textes politiques» (BRUNSCHWIG. 1986. 651)... [1].

---

[1] Certains philosophes, inconditionnels de PLATON, font remarquer, par exemple, que les textes politiques platoniciens sont bien faits «pour défier le jugement, pour l'obliger à s'avouer provisoire et susceptible d'appel» (BRUNSCHWIG. 1986. 651). C'est ainsi que depuis le temps qu'on lit et qu'on interprète *La République,* «on ne sait pas encore vraiment, de science indubitable et indiscutée, s'il existe ou non des esclaves dans la cité platonicienne». A se montrer aussi scrupuleux et hésitant dans la lecture des textes, à quelle connaissance certaine pourrait-on

Ce qui retiendra principalement notre attention c'est la volonté explicite, manifeste et constante de PLATON, d'organiser. Son souci d'organisation se porte aussi bien à la *polis* idéale, dont il aime prévoir jusqu'aux détails, qu'au monde des idées. Ce qui compte, pour lui, c'est l'emboîtement des idées, soumises à ce qu'il croit être une logique interne. L'ordre extérieur et la hiérarchie explicite qui en résulte reflètent, à son estime, l'ordre intérieur et la cohérence transcendantale auxquels il veut atteindre.

L'éducation platonicienne doit donc aboutir à la généralisation de cette prise de conscience dans la Cité : contemplation du Bien, certes, mais par le jeu d'une Raison égalisatrice qui ne laisse subsister ni les ombres, ni les reliefs, ni les différences, en sorte que ce Bien risque, selon le mot de CHATELET (1965. 248), de n'être plus qu'un Rien puisque, «dans la blancheur fade du concept, la couleur et la vie» se sont abolies.

La pensée de PLATON se situe dans la prolongation d'un mouvement qui débute au VIIème siècle aCN en Ionie, dans la moitié sud de la côte occidentale de l'Asie Mineure. C'est alors que, pour la première fois dans l'histoire de l'humanité, semblent réunies «les conditions d'une pensée libre et bien individualisée» (BERNHARDT. 1972. 25). Ce mouvement intellectuel, aussi soucieux de la gestion de la Cité, s'étend progressivement et atteint Athènes à l'époque qui nous intéresse (Vème s. aCN).

L'explication mythique n'est plus reçue comme telle : elle est progressivement remplacée par des explications profanes. Chacun tente de poser, à sa manière et avec ses mots propres, les divers problèmes, des solutions s'esquissent, des argumentations s'affrontent. PLATON est dérouté intellectuellement devant la diversité des pensées qui s'expriment alors. Faisant siens les propos de son maître SOCRATE, PLATON rapporte que l'acquisition d'une science n'a d'intérêt que si on sait utiliser cette science (WAHL. 1969. 510).

C'est l'époque où Athènes se dote d'institutions démocratiques[1] ce qui entraîne de nouvelles perspectives dans l'enseignement. Dans cette

---

prétendre, non seulement de l'Antiquité, mais simplement du passé ?
PLATON, dans la tradition occidentale, et c'est aussi en fonction de cette tradition qu'il faut se situer pour l'apprécier, c'est, par exemple, le célèbre tableau de RAPHAEL représentant les philosophes de l'«Ecole d'Athènes» : PLATON y est au centre tenant d'une main le *Timée* et montrant le ciel de l'autre (MOTTE. 1985. 1326). Le ciel ainsi désigné à l'attention des hommes est le séjour des Idées, explicitation de la confusion que nous rapportons entre abstraction et transcendance...

[1] Démocratie encore bien timide puisque seulement 10 % environ de la population est concerné : de la population globale il faut, en effet, soustraire les femmes et les enfants, les esclaves et les métèques (CHATELET. 1972. 74). Néanmoins, même réduite à ces 10 % cette première démocratie fera rêver l'Occident durant des siècles...

civilisation qu'ARISTOPHANE appelle de manière ironique la «civilisation de la langue», chacun doit apprendre à parler et à exposer son point de vue, que ce soit à l'Assemblée, dans les procès ou ailleurs encore (CHATELET. 1972. 85).

Des difficultés politiques en Asie Mineure jointes à l'attrait d'Athènes et de son niveau de vie, feront affluer vers la grande cité grecque des «hommes au langage sonore qui prétendent enseigner à chacun l'art du discours et de la controverse» (CHATELET. 1972. 76), ce sont ceux qu'on appellera les Sophistes. Entre ceux-ci et PLATON, ce sera rapidement un conflit ouvert et définitif que des circonstances politiques et personnelles vont aviver.

Sur ces entrefaites, en effet, survient, en 404, la défaite d'Athènes avec l'occupation de la ville et du Pirée par les Spartiates. Première déception pour PLATON bientôt suivie d'une seconde : CRITIAS, un de ses oncles, un brillant intellectuel, ne croit plus au pouvoir de la démocratie pour sauver Athènes. Saisi par la tentation totalitaire, il conspire, fomente un coup d'état et permet l'installation des Trente Tyrans. Nouvelle déception, car ceux-ci, au lieu de mettre de l'ordre dans la ville, ne songent qu'à leurs intérêts personnels. Le peuple se révolte, CRITIAS trahit son pays et est tué (CHATELET. 1972. 84).

La mort de son maître, SOCRATE, dont il ne faut pas perdre de vue les liens avec les Trente Tyrans, condamné par la Cité, est une nouvelle et forte déception. PLATON restera marqué par l'enseignement de SOCRATE, enseignement que nous connaissons d'ailleurs principalement grâce à lui, mais il sera marqué également par cette mort qui représente à ses yeux un échec. A la suite de cette condamnation, PLATON s'exilera et voyagera durant une dizaine d'années.

Pour Athènes, ce ne seront ensuite que désordres et violences jusqu'à ce qu'en 338 aCN, peu après la mort de PLATON, Philippe de Macédoine ne mette un terme à l'autonomie réelle de la Cité et, par le fait même, à ce qui restera dans l'imaginaire occidental comme le modèle de la démocratie.

PLATON est donc un citoyen déçu, un citoyen qui a perdu la foi en son pays et en ses institutions démocratiques toute nouvelles, un citoyen qui veut renouer avec la tradition en ce qu'à travers son aspect transcendantal elle se révèle capable de mobiliser les volontés populaires, de redonner la force de la cohérence à la pensée et d'augmenter la cohésion sociale des citoyens.

Les Idées, pense-t-il, s'hiérarchisent les unes par rapport aux autres de la même manière que les citoyens dans la Cité ou encore que les différents organes dans la société. Le dialogue platonicien n'est donc qu'un pseudo-dialogue puisqu'il a pour but d'emporter la conviction, reproche que PLATON fait précisément à ses adversaires.

Dans cette conception, le langage n'est que reflet ou signe sensible et par conséquent trompeur de ce qu'il vise. Il n'existe que comme support à notre imperfection humaine afin de permettre de proche en proche d'atteindre à l'ineffable, à la Vérité. L'homme, pour atteindre le bonheur, n'a d'autre voie possible que de progresser ainsi selon un cheminement proposé comme transcendantal.

La comparaison, dès lors, ne peut avoir d'autre but que d'inviter au dépouillement de la différence et d'inciter l'esprit à se recentrer toujours davantage sur ce qui est présenté comme essentiel. Le dialogue n'est plus que la procédure d'uniformisation des singularités.

Avant d'examiner les thèses inverses défendues par les Sophistes, soulignons au passage les conceptions platoniciennes de la relation au langage. PLATON part de la constatation du caractère social du langage, mais cette constatation, au lieu de déboucher sur une prise en charge des différences, nie le caractère pertinent de la variation. Les différences doivent être négligées au profit de ce qui, pour PLATON, apparaît comme central.

Ce processus d'analyse une fois enclenché, il ne reste plus qu'à remonter ainsi de proche en proche jusqu'à l'Idée suprême. En réalité, on voit comment PLATON confond ce qu'il propose comme un cheminement transcendantal et ce qui n'est en réalité qu'un processus d'abstractions répétées et de plus en plus éloignées de la réalité.

Le temps me manque pour approfondir les conséquences de cette position initiale, elles sont cependant essentielles pour notre propos. Soulignons-les donc rapidement : tout d'abord, la confusion entre transcendance et abstraction aura, dans l'histoire occidentale, deux répercussions importantes. La première, que la pensée transcendantale s'identifia longtemps à une pensée procédant par abstractions, ce qui exclut ou du moins marginalisa toutes les formes de pensée transcendantale individuées ou mystiques. La seconde, qu'il y eut une protection presque constante dans l'histoire de l'Eglise accordée au platonisme perçu comme une sorte de philosophie naturelle conduisant nécessairement à Dieu, devenu ainsi une sorte d'Abstraction Majeure, au lieu d'être le Dieu d'Amour qu'Il est.

Une seconde conséquence est l'amalgame qui sera fait entre ces successions d'abstractions, présentées comme inscrites dans l'ordre naturel des choses, et l'agencement de la Cité. Celle-ci incarnera donc, dans les hommes et les institutions, la hiérarchie des Idées, seule route du Bonheur humain. Sans prétendre que de cette manière PLATON est à l'origine de toutes les formes de centralisations politiques, constatons du moins la parfaite congruence entre ces conceptions philosophiques et les idéologies développées par des pouvoirs fortement centralisés.

Une troisième conséquence est que toute différence intrinsèque ou extrinsèque sera vécue comme signe d'infériorité ou au moins dépourvue d'intérêt. Il y a donc dans le platonisme un appel à la suppression de la différence ou à son dépassement, non par assomption et intégration, mais simplement par négligence envers elle. Différence intrinsèque d'abord : elle ne peut, pour PLATON, être constitutive et sera toujours vécue comme secondaire. Un individu, s'il est de bonne foi, ne pourrait, selon lui, ressentir les choses ou penser différemment d'un autre. PLATON présuppose toujours non l'union possible de deux êtres différents, en tant que visée ou que projet communs par exemple, mais bien l'unité déjà réalisée sinon imposée. Le langage, dans son apparence commune aux divers citoyens, sert de piège pour exiger l'adhésion à une pensée unique. On voit les liens possibles avec certains modes d'organisation politique que connaîtra l'Occident à travers toute son histoire.

Différence extrinsèque aussi : au-delà des différences manifestes que révèlent, même à l'oreille et à l'oeil inexpérimentés, les langues et les cultures étrangères, le platonisme enjoint à la pratique de ce qu'on appellera bien plus tard le réductionnisme. Ici aussi, l'habitude mentale, sans doute inhérente à l'esprit humain, de ne trouver et de ne comprendre dans l'Autre que ce qui préexiste déjà en moi, suggère des modalités de contact avec l'Autre marquées du signe de la violence. Sans doute celle-ci n'est-t-elle pas dans l'histoire l'apanage de l'Occident dans sa rencontre des cultures étrangères, mais le fait de renforcer constamment une pensée déjà autocentrée a-t-il dû singulièrement rendre cette violence effective...

Au moment où PLATON proposait à ses concitoyens la philosophie dont on vient de rapporter quelques unes des conséquences majeures pour l'Occident, qui la fit largement sienne, Athènes était le lieu d'un autre enseignement situé aux antipodes du platonisme, à savoir celui que dispensaient les Sophistes.

On connaît assez mal ceux que la tradition a désignés de ce nom. Une bonne part de ce que l'on connaît d'eux nous vient de ce que PLATON nous en a livré à travers des caricatures littéraires. Etrangers pour la plupart, provenant souvent de cette Asie Mineure d'où provint la philosophie, voyageant de cité en cité mais s'attardant sans doute de préférence à Athènes, ils étaient, au dire de PLATON, des «marchands de paroles captieux et corrupteurs» (BERNHARDT. 1972. 68)[1].

La tradition occidentale a gardé d'eux cette image platonicienne, conséquence normale des succès de la pensée de PLATON. Il fallut attendre le XIXème siècle et surtout le XXème, et notamment les toutes dernières années, pour que l'opinion se modifiât à leur égard. Et, en effet, l'époque contemporaine redécouvrit, à travers des lambeaux de

---

[1] PLATON a usé d'une astuce pour s'attaquer aux Sophistes. Dans cette ville où la parole était devenue une des formes privilégiées de l'action (BAREL. 1987. 277), PLATON met en scène le conflit qui les opposa, lui et SOCRATE, aux Sophistes. A travers des dialogues fictifs, il se conforme ainsi aux règles en usage, tout en assurant à ses idées une meilleure et plus fiable diffusion.

témoignages antiques comme aussi à travers une nouvelle lecture plus critique de PLATON, leur véritable apport.

Dans un monde en pleine mutation, dans un monde encore hésitant entre deux voies possibles, voie d'une pensée autocentrée, autoritaire et centralisatrice ou, au contraire, voie du pluralisme, de l'effort d'ouverture vers l'Autre, les Sophistes, on le sait aujourd'hui, favorisèrent la seconde de ces voies, celle que suppose la démocratie.

Virtuoses de la parole, ils en enseignent l'usage dans une société où non seulement elle est une des formes de l'action, mais où la 'voie orale' constitue le moyen essentiel, encore en cette fin de Vème siècle aCN, de la création et de la transmission de la culture et de l'art politiques.

Immigrés eux-mêmes dans une cité où l'étranger n'a que peu de droits, sinon point du tout sur les plans politique et économique, les Sophistes enseignent aux Athéniens la possibilité de rester soi-même, et même de l'être encore davantage et mieux, tout en apprenant à comprendre l'Autre, fût-il étranger.

Le respect de l'hétérogénéité et celui de l'individualité est à la base de leur enseignement. Ils inculquent l'audace de la critique et celle de revendications individuelles. Ils apprennent ainsi aux citoyens l'art de vivre, de parler et d'écouter dans un milieu, la démocratie, où chacun est appelé à cette connaissance.

Leurs conceptions insistent sans doute sur le caractère social du langage. Mais celui-ci n'est pas conçu, comme chez PLATON, de manière identique pour tous ou chez tous, le langage pour eux, au contraire, est résultat de l'histoire et produit de la société. Il en reflète les variations que les Sophistes considèrent comme légitimes et devant, dès lors, faire l'objet du débat démocratique.

Dans le combat entre la démocratie naissante, fraîchement imaginée et quelque peu mise en oeuvre à Athènes à cette époque, et d'autre part les formes de pouvoir centralisé qui supposent l'effacement de l'hétérodoxie et de l'hétéroglossie, sinon de la simple différence, ce sont les dernières qui l'emportèrent pour longtemps.

Il fallut, en effet, attendre près de deux millénaires pour que des conditions comparables à certains égards se présentent à nouveau. Ce sera l'époque de la Première Renaissance que nous abordons maintenant.

3. La Première Renaissance.

L'époque de la Première Renaissance présente plusieurs analogies avec celle que nous venons de quitter. Les deux époques sont marquées, sinon par une volonté d'éclatement du monde ancien et de la tradition, du moins par le désir multiforme d'échapper à ce que le passé peut avoir d'entravant dans la rencontre de la nouveauté.

Ce n'est donc pas le passé comme tel qui est récusé, mais bien ce par quoi il pourrait faire obstacle à l'avènement du futur. Comme preuves, il n'y a pas que le véritable culte voué à l'Antiquité et dont l'imprimerie naissante nous montre les innombrables traces dans l'afflux d'éditions nouvelles d'auteurs anciens.

Le mouvement de pensée et de croyances appelé hermétisme et qui prend son essor à cette époque en est également un indice : ensemble mireligieux, mi-magique, remontant prétendument à Moïse, imprégné de néo-platonisme, mais qui enflamma les imaginations (RONAN. 1988. 362-364) et contribua sans doute pour beaucoup à tenter certaines utopies...

Le moment est celui des grands voyages d'exploration, volonté venue bien à l'heure pour les états atlantiques dégagés d'autres préoccupations : c'est la fin de la reconquista pour l'Espagne et sa bourgeoisie particulièrement prospère cherche de nouveaux débouchés, fin aussi de la Guerre de Cent ans qui dégage les énergies en France et contraint l'Angleterre à se désintéresser du continent pour s'engager sur les océans.

Coïncidences politiques ? Sans doute, mais qui seraient restées sans répercussions si les esprits étaient restés centrés sur eux-mêmes. Le goût d'un Ailleurs s'accentue : les interrogations sur d'autres peuplades s'accompagnent d'un véritable intérêt pour d'autres manières de vivre.

L'époque est celle également où des esprits moins immobiles, moins aliénés dans des formes de pensée et des échelles de valeurs périmées, ont osé se lancer dans le questionnement d'une utopie qui se révélera d'ailleurs réalité, celle du Nouveau Monde [1]. C'est en 1516 que Thomas MORE publie son *Utopie,* oeuvre qui donnera son nom à un genre qui pénètre à ce moment non seulement la littérature, mais aussi la pensée politique ou sociale, comme elle pénètre également la pensée géographique.

Moment encore où la réflexion politique se modifie sensiblement. ALEXANDRE le Grand, trahissant sur ce point l'enseignement de son Maître ARISTOTE qui «proclamait que la modération est la seule sauvegarde des monarchies» (LEVEQUE. 1969. 4), avait construit le plus grand empire que le monde ait connu, transposant ainsi sur le plan politique la réalisation d'une union humaine à visée universelle.

L'Antiquité avait longtemps conservé et ensuite transmis au Moyen Age cette nostalgie et ce souvenir, réduit d'ailleurs aux dimensions d'un

---

[1] DELUMEAU (1984. 326) pense le contraire — ce qui n'est pourtant pas contradictoire avec notre propos ! : «Parce que les utopies de la Renaissance se rattachaient, par-delà le Moyen Age, à un courant de pensée très ancien et à une tradition platonicienne, elles présentèrent un indiscutable caractère d'inadaptation au présent. D'une certaine façon, les utopistes du XVIème siècle et du début du XVIIème siècle retardèrent sur leur époque et ne la comprirent pas».

Univers chrétien limité à l'Occident (CHEVALIER. 1979. 213). Voyager au-delà de ces frontières médiévales c'était donc d'abord reconnaître la réalité de ces régions inexplorées, réalité non plus diabolique ou à tout le moins monstrueuse comme encore au Moyen Age.

C'était aussi désacraliser et dédramatiser le franchissement des frontières assignées, de temps immémoriaux, au territoire. Les populations qui s'y rencontrèrent, si elles étaient censées se convertir au christianisme, souci très tôt marqué chez les explorateurs, faisaient aussi l'objet d'un questionnement qui s'adressa bientôt à l'Occident.

Interrogation que MONTAIGNE notamment nous rapportera, plus tard dans le XVIème siècle, dans son célèbre chapitre sur les *Cannibales,* mais qui est déjà présente dès la fin du Moyen Age où l'au-delà des frontières n'est plus décrit comme *l'*autre monde *(alter),* le monde antithétique au nôtre, le monde du Diable, mais bien comme *un* autre monde *(alius),* c'est-à-dire comme un monde possible, un monde digne d'intérêt dont les populations ont légitimement d'autres coutumes[1].

Le même MONTAIGNE nous vante d'ailleurs cette fréquentation d'autres peuplades en divers endroits des *Essais.* Ainsi : «il se tire une merveilleuse clarté, pour le jugement humain, de la fréquentation du monde. Nous sommes tous contraints et amoncellez en nous, et avons la veuë racourcie à la longueur de nostre nez» (I. XXVI. éd. Thibaudet et Rat. 1962. 156) et plus loin encore : «quand les vignes gelent en mon village, mon presbytre en argumente l'ire de Dieu sur la race humaine, et juge que la pepie en tienne des-jà les Cannibales» [2].

---

[1] Les Grecs honoraient un Zeus Xenios, dieu des étrangers, dont PLATON rappelle qu'il était aussi le dieu de la réfutation (Apud VAN BEVER. 1988. 245), mêlant ainsi, curieusement d'ailleurs pour notre propos, la notion d'étranger, de contestation et de réfutation...

[2] Ou encore : «en vérité, c'est mon humeur, et à l'avanture non sans quelque excez, j'estime tous les hommes mes compatriotes, et embrasse un Polonois comme un François, postposant cette lyaison nationale à l'universelle et commune. Je ne suis guere feru de la douceur d'un air naturel...» (MONTAIGNE. 1988. éd. P. Villey. t. 3. 973).
A la conception d'ouverture intellectuelle de MONTAIGNE, on opposera le pseudo-universalisme cartésien basé sur le postulat d'une identité foncière et préalable de tous les hommes, conception guère éloignée de l'idéalisme platonicien : «L'assemblage qui se fait dans le raisonnement n'est pas celui des noms, mais bien celui des choses signifiées par les noms; et je m'étonne que le contraire puisse venir en l'esprit de personne. Car qui doute qu'un Français et qu'un Allemand ne puissent avoir les mêmes pensées ou raisonnements touchant les mêmes choses, quoique néanmoins ils conçoivent des mots entièrement différents ? (DESCARTES. éd. A. Bridoux. 1949. 296; cf. encore le début du *Discours, éd.* E. Gilson. 1967. 1 sq. et comm. p. 81 sq. sur le «bon sens» également réparti entre tous les hommes).
Que l'on nous comprenne bien : ce n'est pas qu'un Français et qu'un Allemand puissent avoir les mêmes pensées qui fait problème, mais qu'on prétende qu'ils les aient sans se soucier ni de constater que c'est l'inverse qui apparaît de prime abord, ni de montrer comment une telle proposition pourrait se démontrer, ni enfin de

Pluralisme de coutumes donc et qui rejoint le pluralisme religieux. Nouvelle question qui se pose à l'opinion publique, «même si, pour le plus grand nombre, protestants et catholiques demeurent résolument attachés au principe de l'unique et exclusive religion d'Etat» (LECLER. 1955. 411). Pluralisme religieux qui tournera rapidement court, tant du côté des adeptes de la Réforme que chez leurs adversaires, mais qui fut défendu par les plus grands humanistes, tels ERASME par exemple [1], et dans une moindre mesure par le spiritualisme mystique (IDEM. 412).

L'effort des humanistes en faveur de la tolérance religieuse se heurta cependant rapidement à l'intransigeance tant des Catholiques avec le Concile de Trente que des Calvinistes, dès 1550, et des Luthériens amenés à préciser leurs positions doctrinales (LECLER. 1955. 414). Le pluralisme et la tolérance religieuse furent alors défendus par ceux qu'on appelle les «politiques» et qui prônaient une certaine division de l'Eglise et de l'Etat, c'est la voie que suivit l'Edit de Nantes en France, mais ceci déborde déjà du cadre que nous nous étions fixé.

4. Conclusion.

On saisit combien les deux époques retenues ici présentent de traits communs : volonté d'ouverture sur l'Autre, goût des questionnements portant sur la tradition et sur la société, intérêt pour l'étranger et le voyage, désacralisation de la connaissance.

Le parallélisme avec la Première Sophistique se manifeste encore jusque dans l'attitude face à la rhétorique et au langage. On sait que la Première Sophistique avait développé un art de bien dire, envisagé comme un art du dialogue et de la convivialité. De cette exigence initiale, rapidement naquirent deux courants souvent opposés : le premier, étouffé sinon éteint avec la disparition des Sophistes, voyait dans les exercices sur la langue une manière d'en dépasser les contraintes et de rendre ainsi cet instrument accessible au plus grand nombre.

Le second courant, au contraire, poursuivit sa carrière non seulement durant toute l'Antiquité, mais fleurit encore durant tout le Moyen Age, traversa la Renaissance et parvint ainsi jusqu'à l'époque contemporaine. Dans cette seconde acception, la rhétorique est l'art d'apprendre à parler ou à écrire selon les règles reçues dans une certaine («bonne») société. Procédure de soumission aux règles plutôt

---

souligner l'avantage qu'il y a à défendre une telle proposition comme démontrée alors qu'elle ne l'est pas !

[1] On donne parfois une toute autre lecture de l'humanisme de la Renaissance. Ainsi, par exemple, SOLJENITSYNE estime que, si le communisme représente «le mal intégral», l'Occident s'y adonne également. L'origine du mal, pour le grand dissident russe, «reviendrait à l'humanisme de la Renaissance qui, le premier, a cherché à mettre l'homme à la place de Dieu» (STRUVE. 1985. 1605).

qu'apprentissage pour les dépasser, inversion majeure par rapport au projet des Sophistes.

Ceux qu'on a appelés par dérision, au XIXème siècle, les Grands Rhétoriqueurs s'inscrivent largement dans le premier courant représenté par les Sophistes de l'Antiquité. Ce n'est sans doute pas un hasard si les uns et les autres eurent la même réception à travers l'histoire, porteurs des mêmes valeurs libertaires et de questionnements identiques, ils furent méprisés aux époques fermées aux nouveautés et aux explorations. Notre époque les redécouvre comme des précurseurs sur le chemin d'une liberté qui nous conduit vers l'Autre [1].

Est-ce un hasard si, à notre époque, les Rhétoriqueurs de la Renaissance furent redécouverts initialement par les Surréalistes ? N'y a-t-il qu'une coïncidence entre les jeux verbaux des uns et des autres [2] ? Est-ce un hasard si, en y ajoutant encore l'expérience des Sophistes de l'Antiquité, à chaque fois la perception du caractère social du langage donna lieu à une véritable déconstruction et à une incitation à s'en réapproprier le fonctionnement et les enjeux individuels ?

Ne faut-il pas interpréter ces tentatives comme des signes d'une même tradition libertaire, comme des affleurements d'une conception politique qui fait de l'individualisme bien compris et vécu la pierre d'angle de l'organisation de la cité, s'inscrivant ainsi dans certains courants éminemment modernes, que les politologues contemporains re-découvrent et mettent en valeur (par ex. WIBERG. 1988. 31 et passim) ?

La tentative des Sophistes avorta. Partisans d'un pluralisme et d'un pluriculturalisme, leurs conceptions politiques ne pouvaient s'épanouir que dans des Cités-Etats alors que l'époque s'orienta vers l'uniformi-sation et la centralisation propres aux grands Empires, conceptions qui prévalurent jusqu'à la fin du Moyen Age.

De la même manière, si les circonstances générales furent plus favorables lors de la Première Renaissance, les volontés de changement et d'ouverture à l'Autre se heurtèrent non seulement, comme dans

---

[1] Changement de perception tout récent! En 1933, MORÇAY écrivait encore dans un jugement sans appel à leur sujet : «malheureusement, on ne trouve chez les <Rhétoriqueurs> aucune inspiration originale, aucun souci de rajeunir le vieux fonds de la satire, aucun désir de mêler à la leçon morale l'expression de sentiments personnels. Ils ressassent indéfiniment les mêmes motifs et sous les mêmes formes conventionnelles dont s'était contenté le moyen âge» (1933. 82).

[2] Les variations dans la définition du surréalisme, même chez un de ses fondateurs comme André BRETON (Cf. DEMOUGIN. éd. 1985. 1383 s.v.), ne doivent pas nous surprendre dès lors qu'elles sont également un signe de cet individualisme, par définition et par essence, multiforme. — On trouvera dans LEGRAND (1982. 388 sq.) un choix de définitions du mouvement surréaliste qui serait, d'après l'une d'entre elles, «l'apothéose de la conscience du Verbe», «révolution radicale de la pensée et des moeurs», «théorie de la grâce humaine et ... doctrine du salut»... ! Nous nous contenterons de prendre acte de ces affirmations...

l'Antiquité sans doute, aux résistances qui résident en chacun et qui entravent le changement même souhaité, mais aussi à l'avènement de l'Etat-Nation qui étouffera bientôt, dans l'absolutisme, les volontés d'Ailleurs et d'Autrement qui ne sont pas celles du Prince.

3. LA COMPARAISON ET L'AVÈNEMENT DE L'ÉVOLUTIONNISME

Résumé : Les problèmes restés sans solution dans l'après Renaissance vont s'amplifier progressivement jusqu'à la fin de l'Ancien Régime. Dans le même temps se met en place une nouvelle mentalité. Peu à peu on cherche dans l'histoire non plus la justification d'un présent, mais les raisons des différences constatées. La comparaison devient raison. L'évolutionnisme devient la philosophie du devenir et du progrès, s'opposant ainsi à une philosophie de l'immuable.

Plan :

1. Introduction : Les grandes questions de la Renaissance. Les réponses inadéquates qui y furent données.

2. Une nouvelle mentalité : L'évolution politique. Réalités économiques et réformes. Atmosphère de crises. Une nouvelle conception du vivant, le transformisme. L'idée d'organisme et de biologie.

3. La comparaison devient raison : Hiérarchisation des différences. Modifications idéologiques et perception de l'histoire. Avènement de l'évolutionnisme.

4. Conclusion : Une philosophie du progrès. Conséquences anthropocentriques et européocentriques.

*   *

*

1. Introduction.

La comparaison prendra une place majeure dans l'épistémologie contemporaine par le rôle fondamental qu'elle sera appelée à jouer dans le cadre de l'évolutionnisme. Ce courant de pensée, cette épistèmè postrévolutionnaire, s'explique, au moins partiellement, par la dynamique engendrée par les solutions ou les absences de solution données aux grandes questions des époques précédentes.

C'est à la Renaissance, nous semble-t-il, qu'il faut remonter, et aux problèmes spécifiques à cette période, pour comprendre l'avènement de l'évolutionnisme au XIXème siècle et l'utilisation de la comparaison dans un système dynamique d'explications du vivant.

La Renaissance comme telle, pas plus d'ailleurs que l'Epoque Classique ou les Lumières, ne peut totalement expliquer les périodes suivantes. Cependant, c'est à la Renaissance qu'émergent pour la première fois certains questionnements, que se manifestent avec force certaines affirmations et enfin que se formulent avec insistance de nouvelles exigences.

Sans entrer dans le détail, une confrontation de la Renaissance avec, par exemple, l'époque suivante met clairement en évidence les spécificités. Ce qui marque les débuts du XVIème siècle, c'est la vigoureuse et soudaine apparition de l'individu. Ce peut être une figure exceptionnelle comme COLOMB, LUTHER ou VINCI. L'individu, c'est ainsi le commerçant ou le banquier qui réussit, tels les MEDICIS ou COEUR, aussi bien que l'humaniste qu'on propose comme modèle, ainsi ERASME ou Thomas MORE.

On découvre le droit d'une conscience morale et individuelle à s'affirmer comme différente intellectuellement, religieusement ou socialement. Envisagée sous cet angle, la Renaissance contraste fortement avec le Classicisme. Le XVIIème siècle est, en effet, marqué par la recherche d'une stabilité et d'une uniformité — souvent appelée universalité —, et semble globalement «se consacrer à une tâche de réorganisation, à la création d'attitudes et d'institutions — politiques et religieuses, sociales et intellectuelles — permettant de maîtriser quelque peu ce monde nouveau [issu du XVIème siècle]» (WEBER. 1986. 215).

On présente souvent la Renaissance comme une période de révolte contre ce qui aurait pu s'opposer aux progrès de l'esprit humain. Ce n'est que partiellement vrai, car la Renaissance était également une volonté de renouer avec l'Antiquité et, en conséquence, d'assumer aussi le poids de la tradition.

De bons auteurs se sont même demandé si la véritable question de la Renaissance, à sa maturité, n'était pas précisément cette incapacité à se dépasser, incapacité aussi à réaliser cette synthèse, qu'au XIIIème siècle Saint Thomas d'AQUIN avait pu accomplir, entre les enseignements de l'Antiquité et de la tradition et d'autre part les réalités contemporaines (ainsi RENAUDET et GILSON apud MORINEAU. 1968. 360).

Le XVIème siècle n'est donc pas essentiellement une période de lumière et de raison. Au contraire même, à certains égards, cette période est également celle d'un regain d'obscurantisme et de superstitions. La Renaissance, c'est, pour reprendre les termes de DELUMEAU (1984. 10), aussi le siècle «des alchimistes, des astrologues, des sorcières et des chasseurs de sorcières», ou encore le siècle de BARBE-BLEUE et de TORQUEMADA, des massacres d'Amérique et des autodafés...!

Tout ceci est sans doute exact, mais ne faut-il pas y voir précisément l'incapacité d'une époque, l'incapacité d'individus à rétablir l'harmonie entre la fidélité à l'Antiquité et à la tradition, lieu d'une sécurité avérée, et d'autre part la nouveauté du monde ou la toute fraîche liberté de l'individu, lieu d'un désir omnipuissant ? L'opposition qui se met en place au XVIème siècle n'est-elle pas celle-là même qui rendait la tradition exclusive du changement ou celle qui prenait racine dans le conflit tout récent entre l'individu et le groupe ?

Si on considère l'évolutionnisme comme une théorie permettant de rendre compte, et donc d'assumer, l'apparente contradiction entre les latitudes individuelles et les exigences d'une relative stabilité et cohésion du groupe, on en verra dans les contradictions du XVIème siècle la première expression collective et inconsciente.

C'est à étudier cette lente émergence d'une solution conciliatrice entre les deux tendances majeures et contradictoires qui éclatent au XVIème siècle, qui s'excluent violemment au XVIIème siècle et qui enfin se réconcilient progressivement à travers le XVIIIème siècle, que sera consacrée cette conférence.

L'évolutionnisme, en effet, se dégagera peu à peu d'une part de la tension non résolue entre des forces centrifuges individualisantes, des forces centripètes politiques et sociales, et d'autre part de la prise en compte du mouvement et du changement dans les processus explicatifs.

2. Une nouvelle mentalité.

Lorsque la Renaissance s'achève, le conflit multiforme, opposant les tendances à la liberté individuelle et à la liberté de pensée aux tendances visant au renforcement des pouvoirs établis, s'est déjà apaisé au profit des secondes.

A travers la seconde moitié du XVIème siècle et tout le XVIIème, dans une mesure variant selon les pays, les structures profondes de l'Europe se maintiennent inchangées. Structures démographiques, sociales, économiques ou intellectuelles, toutes étaient restées relativement stables : c'est d'ailleurs cette immutabilité apparente qui avait constitué le classicisme (GODECHOT. 1982. 225).

En réalité, des changements souterrains s'étaient déjà produits durant le XVIIème siècle — on reviendra plus loin sur cette succession de crises qui caractérisa l'époque classique — mais on ne leur avait pas attribué l'importance qu'ils méritaient ni la signification qui se manifestera dans la suite.

Au contraire, les débuts du XVIIIème siècle non seulement semblent bien devoir apaiser ce climat de crises, mais introduisent même à une période d'accalmie qui s'étend de la mort de Louis XIV (1714) à 1748, trente années durant lesquelles le cours des événements semble s'être ralenti. C'est pourtant durant cette dernière période que tout se bouleverse.

Commençons par le XVIIème siècle. La période connaît de très nombreuses crises. On les interprète diversement : les uns nient l'état de crise permanent en faisant remarquer l'intensité très inégale des phénomènes observés ou leur localisation régionale en sorte qu'on ne pourrait parler «d'une généralisation européenne ou universelle, strictement, que sur quelques années».

D'autres, au contraire, font valoir les guerres incessantes qui ravagent le siècle dans un «enchaînement presque parfait de 1618 à 1715» (MORINEAU. 1978. 100 et 105), les dévastations qu'elles entraînent font en sorte que le niveau initial n'est que péniblement atteint et rattrapé en 1720 ou 1730 environ, après plus d'un siècle d'efforts.

Ce qui paraît acquis aujourd'hui, c'est que l'état de crise, ou si l'on préfère les difficultés permanentes du XVIIème siècle, a débuté dès la seconde moitié du XVIème siècle avec un ensemble de facteurs. Certains de ces facteurs sont extérieurs à la conjoncture, ainsi la contrariété climatique responsable de mauvaises récoltes et par conséquent de la disette et de la hausse des prix, ou la peste, cause, partielle du moins, de la dépopulation. Bien qu'extérieurs à notre propos, ces facteurs potentialisent les effets de mesures politiques ou économiques.

Ainsi, à côté de facteurs extérieurs, d'autres facteurs, humains, politiques ou économiques, concernent directement notre propos puisqu'ils sont les conséquences d'un renforcement de l'absolutisme, ou simplement de l'étatisme ambiant et dont les innombrables soulèvements fiscaux constituent un signe, avec les modifications du statut économique que l'impôt entraîne et les changements sociaux qu'il suscite...

Voilà les antécédents : au XVIIIème siècle, brusquement, la situation s'inverse. Ainsi, à la longue période de baisse des prix et de marasme économique, succède une phase de hausse et la conjoncture s'améliore (GODECHOT. 1982. 226). Ou encore, le régime démographique ancien, avec une natalité abondante et aussi une mortalité très importante et qui maintient les populations à un niveau stable, cède la place à un régime marqué par une mortalité qui décroît très rapidement, ce qui entraîne, partout en Europe, d'importants excédents démographiques. Encore, l'introduction et l'extension de nouvelles cultures, notamment alimentaires, améliorent l'alimentation générale. Enfin le développement des sciences et des techniques et les débuts de la révolution industrielle augmentent la production de biens industriels et de biens de consommation.

Tous ces changements, toutes ces améliorations donneront à ceux qui les vivent et qui y réfléchissent le sentiment très vif d'une humanité animée d'un mouvement intérieur de progrès continus. Le classicisme s'était accompagné d'un marasme économique, il exprimait aussi la volonté de permanence et le refus du changement. Le renversement de la conjoncture fait percevoir les mutations qui surviennent à la fois comme fruits de l'effort humain et aussi comme inscrits dans la nature des choses.

La seconde moitié du XVIIIème siècle pourra ainsi renouer avec l'idée de révolution, idée présente dans les esprits depuis la Renaissance. Dès les XVIème siècle, en effet, l'idée de révolution est présente, «non pas comme doctrine constituée, mais comme support des représentations mentales, comme cadre de l'action» (MAIRET. 1978. 77). MACHIA-VEL s'inscrit d'ailleurs dans ce courant puisque le prince est fondateur d'un ordre qu'il instaure presque toujours par la lutte, joignant ainsi, dans la personne du prince, les deux principes antagonistes représentés, on l'a vu, par les forces d'individuation et par les forces de centralisation.

Exception faite du prince en qui elle peut s'incarner, l'idée de révolution couve ainsi du XVIème siècle à la seconde moitié du XVIIIème. Quand elle refait surface, ce ne sera pas, comme on le pense souvent, pour s'opposer tout d'abord à la tyrannie, encore moins à la monarchie, mais pour permettre l'avènement de la démocratie.

L'idéologie de la révolution se confond avec l'idéologie du peuple, ou plutôt la dernière n'a été possible que grâce à la première. Du conflit que pose la Renaissance entre l'individu et la société, l'Etat issu de la Révolution représente la synthèse.

Pour reprendre MAIRET (1978. 78), «nous disons que le thème de la révolution est essentiel à l'Etat, il n'en n'est pas la substance, mais il en est assurément la *forme*», et cet auteur poursuit en montrant qu'il s'agit là d'une donnée constitutive et fondamentale de l'histoire contemporaine : «l'Etat a montré qu'il était révolutionnaire et il s'avère que la révolution est toujours au service de la fondation et de la conservation de l'Etat».

L'évolution des mentalités du XVIème à la fin du XVIIIème siècle met donc en évidence la progressive association de trois thèmes récur-rents et dont la Révolution de 1789 sera comme l'expression exacerbée : l'individu et la liberté, l'Etat et la loi, le changement et le progrès.

L'évolution des sciences du vivant révèle, à travers les progrès rapides effectués au XVIIIème siècle, la mise en place parallèle d'une nouvelle idéologie scientifique, le transformisme, et l'avènement de l'idée d'organisme, transposition scientifique de la thématique sociale et politique.

Les hommes de science avaient constaté, et cela depuis l'Antiquité, les similitudes que présentaient entre elles diverses espèces. En un premier temps, ces perceptions furent projetées sur l'espace, puis dans le courant du XVIIIème siècle, elles basculèrent dans une explication temporelle. Les différences entre les espèces perdaient ainsi leurs caractères téléologiques pour être abordées sous l'angle d'une nécessité interne qui est celui de leur contingence.

Dans le premier temps, les explications bibliques rejoignaient aisément les interprétations aristotéliciennes : en effet, la Création y était considérée comme un acte accompli en une fois, tandis que «les jours de la Création analysent, décomposent les origines des êtres selon la perspective d'une intelligibilité articulée dans le temps», ce qui coïncidait avec le «thème aristotélicien de la chaîne des êtres qui rangeait les vivants selon une hiérarchie inspirée par des considérations à la fois esthétiques et morales» (GUSDORF. 1985. 214).

Pendant que ces explications perdent leurs partisans et que s'écoule le XVIIIème siècle, une réinterprétation des données aboutit progressivement à la conception du transformisme d'une nature évolutive. Le regard curieux des savants se porte sur des phénomènes de transition : on se rend compte que la démarcation n'est pas aussi nette qu'on le croyait entre le règne minéral et le règne végétal, de même les limites entre le végétal et l'animal mettent en évidence des organismes envers lesquels le naturaliste sera hésitant : zoophytes ou plantanimaux selon la lecture qu'on veut bien privilégier. Bien plus, l'étude des grands singes anthropoïdes soulève la question délicate des limites entre l'animalité et l'humanité. Désormais, l'interprétation du vivant se fera toujours davantage comme s'inscrivant dans le temps et étant la résultante d'une histoire.

C'est une nouvelle épistèmè qui se met ainsi en place vers la fin du XVIIIème siècle. Les concepts d'organisme et d'organisation, qui font leur apparition à ce moment, illustrent le changement de mentalité survenu : il s'agit, en effet, d'expliquer comment «des structures observables sur des individus peuvent valoir à titre de caractères généraux pour des genres, des familles, des embranchements» (FOUCAULT. 1966. 219 sq.).

La problématique, issue de la Renaissance et restée sans solution jusqu'alors, de la variance individuelle en face de la permanence apparente du groupe, trouve enfin son expression privilégiée dans l'idée du changement finalisé. Mutation qui affecte l'ensemble du savoir comme le souligne FOUCAULT (Loc. cit.) : «philologie, biologie et économie politique se constituent non pas à la place de la *Grammaire générale,* de l'*Histoire naturelle* et de l'*Analyse des richesses,* mais là où ces savoirs n'existaient pas, dans l'espace qu'ils laissaient blancs, dans la profondeur du sillon qui séparait leurs grands segments théoriques et que remplissait la rumeur du continu ontologique».

L'idée de vie exprime cette nouvelle conception du temps et de l'histoire que met en avant le XVIIIème siècle finissant. Les déterminismes mécanistes hérités du XVIIème siècle s'avèrent insuffisants et inadéquats : dès le XVIIème siècle, sinon dès le XVIème (GUSDORF. 1985. 143), le terme de «physiologie» avait été proposé, en opposition aux théories mécanistes d'inspiration galiléenne, pour désigner l'étude des mouvements propres, internes et externes, des corps animés.

Le terme connaîtra un grand succès, notamment par l'emploi figuré que les romantiques en feront en l'appliquant aussi bien au domaine moral que social ou littéraire, mais sa complémentarité avec le terme d'anatomie réduisait sans doute la signification potentielle du terme de physiologie. C'est peut-être la raison du fait qu'il fut supplanté, dès les tout débuts du XIXème siècle, par le mot «biologie» (GUSDORF. 1985. 145), manifestant ainsi la nécessité d'une épistémologie nouvelle et spécifique pour l'étude des processus du vivant.

Ceci introduit une rupture d'un autre ordre également qui fera l'objet du point suivant de notre exposé. Jusqu'alors la comparaison n'était qu'un moyen de souligner la diversité dans l'ordre du vivant. Jointe à des conceptions créationnistes, elle mettait en outre en évidence le plan divin qu'une simple typologie des êtres vivants reflétait; c'est, par exemple, encore le propos explicite d'un LINNE en plein XVIIIème siècle. L'histoire, sous cet angle épistémologique, ne peut être qu'une succession factuelle, en quelque sorte externe à l'homme, et qui ne manifeste la réalisation d'aucun dessein.

3. La comparaison devient raison.

Pour que l'idée d'évolution puisse prendre naissance, il fallait, comme le souligne GUYENOT (1957. 381), que deux conditions soient réalisées. La première, d'ordre général, était une émancipation des mentalités par rapport à une interprétation trop littérale de la Genèse. Le remplacement du terme Créateur ou Etre suprême par le concept plus vague de «Nature», dans la seconde moitié du XVIIIème siècle, montre bien l'évolution des esprits.

La seconde condition, interne aux sciences du vivant, était la perception de la continuité, perception éminemment présente à cette époque, perception exagérée même, et qui devient aisément une affirmation qui revient sous toutes les plumes.

Ces deux conditions renvoient à un ordre «naturel» des choses : les différences s'hiérarchisent ainsi selon une conception du progrès dont l'histoire doit refléter le déterminisme.La comparaison perd alors le caractère purement illustratif qu'elle avait auparavant et s'inscrit dans une entreprise de hiérarchisation des phénomènes signifiants. Si l'évolutionnisme, c'est-à-dire «la tendance générale à supposer et à rechercher une loi d'évolution dans la série des changements observables ou prévisibles» (CAZENEUVE. 1978. 829), est connu particulièrement sous les formes que lui ont données LAMARCK et DARWIN, la comparaison hiérarchique des sociétés précède de beaucoup ce courant scientifique.

La prééminence donnée aux modes de vie occidentaux, jointe d'ailleurs à l'admiration portée à la Nature et au Bon Sauvage censé la peupler, avait, depuis la Renaissance et les grandes découvertes au moins, tracé les grandes lignes d'une comparaison hiérarchisée et finalisée des sociétés.

Cette comparaison avait pu se faire entre les formes modernes des nations occidentales et des époques plus reculées de ces mêmes sociétés, elle s'était élaborée également dans la confrontation des modes de vie occidentaux et de ceux dits «sauvages» ou «primitifs». Cependant, dans la seconde moitié du XVIIIème siècle, la philosophie des Lumières accentua encore davantage la conception selon laquelle l'histoire suivait une marche ascendante.

Une véritable typologie des sociétés selon leur degré d'évolution et de progrès s'élabora lorsque s'ébauchèrent, dans la première moitié du XIXème siècle, les fondements de la sociologie. Ces premières réflexions, de nature synthétique, «invitaient à lier les uns aux autres tous les aspects de la vie culturelle et sociale, ou à les faire tous dépendre d'un facteur déterminant (spirituel, technique ou économique)» (CAZENEUVE. 1978. 829).

A la base de ces comparaisons, figurait la société «primitive» dans laquelle vivait le «primitif». Celui-ci était perçu comme notre «ancêtre contemporain», selon l'expression d'HERSKOVITS (1967. 160). La dimension historique fraîchement attribuée aux êtres vivants, puisqu'elle date du XVIIIème siècle, se projette ainsi, dès le XIXème siècle, sur un double axe de comparaisons : d'une part, l'axe temporel proprement dit, inaugurant ce qui deviendra la paléontologie, d'autre part l'axe spatial, sur lequel le discours ethnologique marquera, dans la contemporanéité, les diverses étapes de la finalité humaine et les échelons successifs du progrès.

L'appropriation du temps de l'histoire caractérise la seconde moitié du XVIIIème siècle. Jusqu'à cette époque, en effet, selon les termes de JACOB (1970. 147), «les êtres vivants n'ont pas d'histoire». Chaque génération correspond à une nouvelle création, soit acte isolé mis en oeuvre par l'Etre divin, soit réalisation en série, «concurremment à celle de tous les êtres à venir dans la suite des temps».

Cette appropriation du temps se fait non seulement à travers l'étude de la succession des générations, perspective strictement temporelle, mais aussi par la prise en charge des liens de l'organisme avec l'espace dans lequel il vit. On découvre ainsi que l'être vivant n'est soumis à aucune intention externe et qu'en lui ne se réalise aucun dessein préétabli. Il s'explique désormais principalement par les liens de ce qui deviendra l'hérédité et les influences appelées aujourd'hui écologiques.

C'est donc une véritable mutation dans l'épistèmè occidentale qui se produit à la fin du XVIIIème siècle en occupant l'espace de ce que

FOUCAULT (1966. 220) appelle d'une manière imagée «la rumeur du continu ontologique». Le comparatisme, déjà à la mode dès la fin du XVIIIème siècle dans les domaines de l'histoire naturelle et de l'anthropologie, s'étend aux sciences de la culture (GUSDORF. 1978. 525).

Ainsi, le domaine littéraire ou celui du folklore sont-ils analysés en série dans le temps et dans l'espace. Chaque culture est perçue comme le fruit de déterminismes vitaux que la science doit découvrir et classer par le jeu de comparaisons constantes. L'époque est celle où triomphent les déterminismes, non pas comme aujourd'hui en tant qu'exigence méthodologique particulièrement adaptée à l'objectif précis de la recherche de l'explication causale (TINTANT. 1986. 189), mais bien en tant qu'orientés vers telle finalité ou en tant que marquant telle étape dans la marche du progrès.

On passe ainsi d'une hiérarchie statique des êtres vivants ou des sociétés et des cultures, à une hiérarchie dynamique. Les organisations qu'on observe aujourd'hui dans le monde n'existent pas ainsi de toute éternité : elles se sont constituées progressivement à travers une succession d'événements, négligés ou méconnus par l'épistémologie classique, qui se combinent entre eux pour donner sens à l'ensemble.

Les similitudes qui apparaissent par le jeu des comparaisons ne sont dues ni au hasard, ni à quelque harmonie préétablie, comme le pensait encore LINNE quelques années plus tôt; elles reflètent simplement le passage «par quelque étape commune dans la suite des transformations» (JACOB. 1970. 169).

La comparaison spatiale débouche donc nécessairement sur une interprétation temporelle et finaliste : la diversité représente les phases différentes et successives dans l'évolution, elle est en même temps expression de la contingence et reflet de la nécessité des êtres.

L'histoire cesse d'être une succession d'événements se produisant en un temps immuable et pour ainsi dire externe. Elle devient mouvement du temps donnant sens au processus de développement à l'oeuvre sous nos yeux comme il le fut dans le passé, elle devient évolution rendant compte du passage du simple au plus complexe, du primitif au civilisé.

4. Conclusion.

L'idée d'une supériorité de l'homme occidental sur ses semblables, ou celle du couronnement de la hiérarchie naturelle des êtres vivants par l'homo sapiens, n'était certes pas nouvelle au début du XIXème siècle. Elle trouve cependant dans la théorie évolutionniste qui se met en place à cette époque une justification intrinsèque.

En effet, dans les conceptions classiques, le temps n'affectait pas la distribution des êtres vivants, les différences constatées n'étant que le reflet invariable d'une hiérarchie établie d'avance et voulue par le Créateur.

Dorénavant les comparaisons balisent les voies du progrès, la civilisation occidentale «se présentant comme une étape avancée dans un processus continu» (CAZENEUVE. 1978. 829), tandis que les autres formes de civilisation sont perçues comme des phases moins évoluées.

Simultanément à la conquête du monde qui s'achève et à l'implantation de régimes coloniaux de tutelle sinon d'exploitation, simultanément à l'idéologie libérale et à la démocratie parlementaire qui se répandent sur son territoire, l'Europe, durant le XIXème siècle, met au point diverses philosophies du progrès dont la plus répandue est l'évolutionnisme.

Cette valorisation de l'homme blanc occidental en fait l'aboutissement des processus évolutifs. On peut se demander si l'évolutionnisme n'est pas au fond «qu'une tentative philosophique et scientifique pour justifier l'Occident» (SERVIER. 1980. 50).

Ainsi étaient dépassées et intégrées les questions laissées sans réponse depuis la Renaissance : le changement et le progrès, l'individu et le groupe, la variance et la stabilité.

Ainsi aussi étaient justifiées les conquêtes coloniales et le régime de dépendance imposé au reste de l'humanité, de la même manière d'ailleurs que se justifiaient le libéralisme parlementaire et la hiérarchie sociale en nos régions. Dans cette vision du monde, «le reste de l'humanité n'est plus alors qu'un musée, un conservatoire des tentatives et des espérances de l'homme dans la route toute droite qui va des cailloux éclatés aux bretelles élastiques» selon l'expression imagée de Jean SERVIER (1980. 49).

4. LE RÔLE DE LA COMPARAISON DANS LES SCIENCES DE L'HOMME

Résumé : Les sciences de l'homme peuvent se définir comme le lieu privilégié du comparatisme, comme le seul lieu aussi où il semble s'exercer. Elles diffèrent des sciences de la nature tant par la spécificité de leur objet que par les particularités de leurs démarches. D'autre part, le comparatisme a un statut différent selon les sciences humaines envisagées : dans certaines disciplines, le comparatisme ne joue dans la pratique qu'un rôle accessoire, dans d'autres, au contraire, il est fondamental et consubstantiel à la démarche elle-même; ou encore : la démarche est parfois finalisée d'emblée, ailleurs elle paraît gratuite; ou enfin : tantôt le comparatisme permet de regrouper et de structurer des différences, tantôt au contraire il rend plus problématique toute structuration du champ. Le comparatisme est une invitation au dépassement et à la réconciliation des points de vue disciplinaires et partisans des diverses sciences de l'homme, il débouche nécessairement sur l'interdisciplinarité, qu'il présuppose en quelque sorte, et sur l'interprétation du donné historique.

Plan :

1. Introduction : Comparatisme et sciences de l'homme. Sciences de l'homme et sciences de la nature.

2. Le statut méthodologique du comparatisme : Rôles accessoire ou fondamental. Utilitarisme ou gratuité. Structuration et formalisation ou l'inverse.

3. Le statut épistémologique du comparatisme : Une vision globale de l'homme. Interdisciplinarité nécessaire. Interprétation du donné historique.

4. Conclusion : Une épistémé de la globalité et de l'ouverture.

*   *

*

1. Introduction

Si la pratique comparative peut théoriquement s'exercer dans n'importe quelle activité intellectuelle, on constate cependant qu'elle n'apparaît de fait que dans les sciences qui ont l'homme pour objet. L'observation est d'autant plus remarquable que la comparaison n'est pas — on a noté ceci lors de la première conférence — une opération spontanée et naturelle : au contraire, pour l'entreprendre, l'esprit humain doit dépasser ce qui le ramène inéluctablement et avec force vers sa propre vision et sa propre interprétation autocentrée du réel.

Avant de tenter de comprendre les raisons de cette délimitation de fait du comparatisme, essayons de mieux cerner les spécificités des sciences de l'homme par rapport aux sciences de la nature et entreprenons tout d'abord d'en ébaucher une classification.

PIAGET (1967. 1114 sq.) classait les sciences de l'homme en quatre catégories. Dans une première catégorie de sciences, il groupait «les disciplines ayant pour objet les activités de l'homme et se donnant pour but la recherche de 'lois' en tant que relations fonctionnelles susceptibles de vérité ou de fausseté quant à leur adéquation au réel». Les méthodes utilisées dans ces disciplines sont des observations systématiques ou des expérimentations et des déductions réglées par des algorithmes rigoureux. Ce sont les sciences qu'on a souvent appelées sciences «nomothétiques».

La deuxième catégorie de sciences de l'homme ne tend ni à l'établissement de lois, ni à l'expérimentation. Ce sont les disciplines historiques, au sens large, qui visent à l'interprétation du passé en tant que phénomène contingent et non répétitif.

Une troisième catégorie de sciences de l'homme comprendrait, selon PIAGET, les disciplines juridiques. Ces sciences sont dominées par le problème des normes et non par l'observation de faits ou l'expérimentation, ni non plus par l'explication de séquences uniques du passé. Nous pensons que doivent être groupées avec les sciences juridiques les autres sciences dont la réflexion se fait à partir de codes humains, c'est le cas de la grammaire et de la morale. On pourrait les appeler des parasciences.

Enfin, une dernière catégorie de sciences de l'homme comprendrait la philosophie en tant que «recherche de l'absolu» ou qu'«analyse de la totalité de l'expérience humaine» (PIAGET. 1967. 1118)[1]. Il ne s'agit

---

[1] Nous ne suivons pas exactement la répartition des sciences de l'homme que propose PIAGET. Ainsi, par exemple, nous regroupons la morale et la grammaire avec le droit puisque ces trois disciplines entreprennent leur réflexion scientifique au départ d'un code préexistant. — Il semble y avoir chez PIAGET, de même d'ailleurs que chez beaucoup d'autres auteurs, une confusion entre le droit, en tant que pratique, et la science du droit. Comme le souligne ATIAS (1985. 43), il

plus à proprement parler de sciences, mais plutôt de réflexions sur la science, ou de métasciences.

Ces quatre catégories de sciences de l'homme paraissent irréductibles les unes aux autres. Pourtant, malgré leurs différences, elles présentent des traits communs et des relations entre elles.

Tout d'abord, et ceci constitue une première remarque, la spécificité des sciences de l'homme résidant dans le fait que le savant y est, au moins à certains égards, à la fois juge et partie, spectateur et acteur, il perd une partie de l'objectivité qu'il aurait dans les sciences de la nature (KOURGANOFF. 1965. 80).

Mais, paradoxalement, et pour les mêmes raisons, la conscience qu'il peut acquérir de l'interférence qu'il produit entre lui-même et son objet d'étude peut lui donner une objectivité d'un degré supérieur à celle de ses collègues des sciences de la nature.

Il en va ainsi, par exemple, pour la psychologie qui, malgré les imperfections actuelles de cette discipline, représente, selon LAGACHE (Apud KOURGANOFF. Loc. cit.), «une discipline pilote, pour l'ensemble des sciences, dans la mesure où elle remet sans cesse en question le savant qui observe et raisonne».

De la même manière, la sociologie révèle aussi bien des comportements effectifs, analysables en termes de lois, que la prise de conscience qu'en doit prendre le sociologue qui pratique cette discipline (PIAGET. 1971. 27). Ainsi conçue, la sociologie donnerait, comme la psychologie, une connaissance d'un degré supérieur à celle que peuvent nous donner les sciences de la nature.

Rappelons cependant qu'il s'agit-là d'un paradoxe, propre aux sciences de l'homme, et que rien ne permet de croire que les praticiens de ces disciplines accèdent, dans la réalité, à ces formes de connaissance

---

importe de distinguer la description des normes juridiques et leur application de la connaissance du droit, connaissance qui, en elle-même, n'est évidemment pas normative, même si elle est soumise, comme les autres sciences de l'homme, au contexte social, psychologique, économique, etc., dans lequel se vit ce droit concret et dans lequel s'étudie et s'acquiert cette connaissance. — Ce qui est valable pour le droit vaut, pour les mêmes raisons et dans les mêmes conditions, pour la morale et la grammaire. La difficulté qui semble exister à tenir sur ces normes codifiées un discours scientifique provient sans doute d'une double difficulté: tout d'abord, on vient de le rappeler, la réflexion sur ces codes s'inscrit évidemment dans un contexte déterminé dont il faut s'abstraire, ceci est vrai pour l'ensemble des sciences de l'homme; en second lieu, et ceci redouble en quelque sorte la première difficulté, pour que les codes aient quelque chance d'être suffisamment appliqués, ce qui permet le maintien d'une cohésion sociale adéquate, il faut qu'il soient inculqués par la socialisation, ils deviennent ainsi «naturels» aux membres d'une société déterminée et leur analyse ou leur critique suppose une mise à distance qui ne va pas de soi.

particulièrement élaborées. Quoi qu'il en soit, ce paradoxe fait partie intégrante de la démarche des sciences de l'homme et nous le retrouverons dans la suite.

On notera d'autre part et dans le même ordre d'idées, que toute observation épistémologique formulée à propos d'une science de l'homme rejaillit nécessairement sur sa pratique, ce qui est vrai de toute science, mais en outre que toute connaissance nouvelle sur un des aspects quelconque de l'homme modifie également notre manière de poser les problèmes scientifiques.

Selon les termes de PIAGET (1967. 1114), l'analyse doit prendre en compte simultanément «l'épistémologie du psychologue, du sociologue, du linguiste, de l'économiste, etc., et l'épistémologie du sujet analysé par la psychologie, du sujet social, du sujet possesseur d'un langage, du sujet économique, etc.».

Si on ne distingue plus le sujet connaissant et le sujet connu, mais qu'on porte l'attention sur l'interaction constante entre ces deux ordres de connaissances, auxquels correspondent les deux types d'épistémologie que PIAGET reconnaît, on met en évidence ce qu'on pourrait appeler des boucles de détermination.

Dans cette perspective, l'accent est mis sur le fait que l'objet des sciences de l'homme est essentiellement l'étude de certaines conduites qui sont à la fois «déterminantes» et déterminées. Ces conduites sont donc à la fois produites par l'ordre du réel qui les détermine, mais «elles n'existent en tant que conduites que si dans un sens et d'une certaine manière elles déterminent leur propre production» (PALMADE. 1977. 281).

D'où la nécessité de développer simultanément ce qu'on pourrait appeler un «regard de l'intérieur» et un «regard de l'extérieur» sur les mêmes objets. C'est ce que tentent, à leur manière, le marxisme et la psychanalyse; c'est aussi, ainsi que nous le verrons, ce que vise, à sa manière, le comparatisme.

2. Le statut méthodologique du comparatisme.

Les sciences de l'homme, on l'a vu, présentent une remarquable spécificité par rapport aux sciences de la nature : à savoir «que l'observateur fait partie de la réalité observée et que son acte d'observation, comme les conclusions qu'il en tire, modifient jusqu'à un certain point la réalité qu'il observe» (GODELIER. 1982. 24)[1].

Si nous nous rappelons que l'attitude comparative ne s'observe que dans les sciences de l'homme et qu'elle consiste essentiellement dans la

---

[1] Cette spécificité des sciences de l'homme qui incluent l'observateur dans le champs de l'observable est mise en évidence par tous les auteurs. Ce qui les distingue éventuellement ce sera le rôle et le sens attribués à l'expérimentation.

capacité du sujet à se décentrer de lui-même et à s'impliquer dans le processus de compréhension, nous conclurons à l'identité des deux propositions.

Nous considérerons donc comme résultante d'une attitude comparative la capacité simultanée d'observation extérieure et d'autoimplication censée être à l'oeuvre dans toutes les sciences de l'homme.

Examinons maintenant comment fonctionne le comparatisme au sein des diverses disciplines qui constituent les sciences de l'homme et plus précisément quel est le statut méthodologique du comparatisme.

Une première constatation est que le rôle du comparatisme, en tant que méthode, varie beaucoup en fonction de facteurs externes. Cette méthode joue ainsi, d'une discipline à l'autre, d'une époque à une autre, un rôle accessoire ou au contraire important, sinon fondamental.

Faute de temps nous devrons nous borner à quelques exemples particulièrement frappants. En histoire tout d'abord : faut-il attribuer aux tensions qui précèdent la première guerre mondiale ou aux traces et séquelles qu'elle laissa, la brusque floraison d'articles programmatifs ayant trait à l'histoire comparée qui paraissent de l'avant-guerre à l'article de BLOCH en 1928 [1] ?

L'exposé que fit Henri PIRENNE, en séance plénière et inaugurale du «Ve Congrès international des sciences historiques» tenu à Bruxelles en 1923, ne s'intitule-t-il pas «De la méthode comparative en histoire» ? Cet exposé, le grand historien belge le fit précéder — serait-ce un simple hasard ? — de considérations sur la guerre en tant qu'elle divise les peuples et sur la science en tant qu'elle permet de les rapprocher. Enfin, après avoir constaté les «services éminents que la méthode comparative avait rendus à la connaissance des civilisations primitives», PIRENNE s'étonnait de ce qu'on renonce à l'employer lorsqu'on aborde l'étude de civilisations plus avancées, d'autant qu'il n'en percevait pas la raison.

En regard de ces premiers travaux en histoire comparée, la tendance actuelle se distingue de deux manières : tout d'abord, l'utilisation de plus en plus fréquente en histoire des concepts et des méthodes d'autres sciences sociales, particulièrement la sociologie et l'économie, engage à une systématisation qui ne peut s'entreprendre à partir de faits uniques (POSTAN apud BARRACLOUGH. 1978. 437)[2].

---

[1] On trouvera les principaux titres récents dans BARRACLOUGH (1978. 435 sq.). — Nous songeons, notamment, aux articles de Louis DAVILLE parus avant la première guerre mondiale dans la «Revue de synthèse historique».

[2] DURKHEIM affirmait déjà que «l'histoire ne peut être une science que dans la mesure où elle explique et l'on ne peut expliquer qu'en comparant... Or dès qu'elle compare, l'histoire devient indistincte de la sociologie» (Cité par BURGUIERE. 1986. ix).

D'autre part, une plus grande ouverture à d'autres peuples et à leur culture, une meilleure connaissance de leur histoire et des liens que ces peuples ont eus entre eux ou avec nos sociétés incitent les historiens à déborder des cadres géographiques et historiques traditionnels.

La recherche en histoire, du moins si elle ambitionne à un certain degré de généralité ou à une meilleure insertion de nos connaissances dans une histoire davantage universelle, devrait donc déboucher sur la mise en oeuvre d'une méthodologie comparative. Vue prospective ou programmative, apparemment sans répercussion réelle, sur la pratique historienne.

La vocation à l'universalité qu'implique la méthode comparative appliquée à l'histoire explique également pourquoi elle semble préconisée comme un palliatif aux excès du nationalisme et de l'esprit de clocher.

Prenons un autre exemple : la recherche en sociologie. Eliminons tout d'abord une première acception de la comparaison, à savoir celle que suppose toute affirmation d'un caractère quelconque attribué à telle société. Ainsi, par exemple, si on affirme que le développement intellectuel des enfants «passe par une série d'étapes déterminées, on est obligé d'étayer cette assertion en classant un certain nombre de sujets par âge et en comparant les groupes d'âge par référence à une série de variables» (ROKKAN. 1971. 766)[1].

La comparaison en sociologie se fait ainsi la plupart du temps à l'intérieur du cadre d'une seule société ou d'une seule culture. La généralisation des résultats obtenus de cette manière suppose bien entendu la mise en oeuvre de comparaisons débordant le cadre théorique initial, soit en faisant varier le cadre de vie, soit la localisation.

Choisissons un dernier exemple, celui de la psychologie. En 1971 déjà, PIAGET (1971. 298) soulignait l'importance du comparatisme pour toute étude psychologique. Ainsi, par exemple, toute recherche sur la psychologie de l'adulte bénéficiera beaucoup d'une confrontation des résultats selon les divers milieux sociaux. Il va de soi qu'une généralisation de l'observation en dehors de la société initiale ne pourra elle aussi qu'être bénéfique, pour autant bien entendu qu'on puisse maîtriser les nouvelles variables mises en oeuvre et leur incidence sur les résultats.

On le constate, le comparatisme est souvent présenté non comme une dimension complémentaire et accessoire, mais bien comme une nécessité méthodologique pour atteindre à un degré de généralisation requis sur le

---

[1] En fait, il faudrait formuler la même remarque pour toutes les sciences de l'homme. Toujours, en effet, à un premier niveau, il s'agit de «comparer», c'est-à-dire d'établir un fait par élimination d'autres faits non pertinents. Cette élimination résulte presque toujours d'une «comparaison». Si nous signalons cette restriction à propos de la sociologie, c'est pour souligner combien la dimension comparative serait susceptible d'augmenter la puissance de ses résultats.

plan scientifique. Dimension fondamentale et constitutive dont on ne traite pourtant, jusqu'à présent, que sur un mode invocatif et programmatif. En effet, les voeux d'un DURKHEIM, d'un PIRENNE ou d'un PIAGET semblent suivis de peu d'effets, la dimension comparative restant en sociologie, en histoire ou en psychologie, pour nous limiter à ces trois exemples, une dimension accessoire souvent peu prisée par les spécialistes respectifs de ces disciplines.

Nous reviendrons tout à l'heure sur la question de la généralisation des résultats par le moyen de comparaisons. Auparavant examinons comment se situe le comparatisme dans les sciences de l'homme par rapport à la bipolarité constituée par l'opposition entre l'utilitarisme et la gratuité.

Observons tout d'abord que les sciences de l'homme souffrent, en général, de ce qu'on pourrait appeler le complexe de la gratuité. Alors qu'on admet aisément que les sciences de l'homme ne présentent pas encore un degré de développement comparable à celui qu'atteignent les sciences de la nature, alors aussi qu'on n'en conteste pas les difficultés spécifiques liées au statut ambigu du savant, difficultés dont on a traité en débutant, on constate une hâte à orienter ces disciplines vers l'application, hâte que renforce d'ailleurs le type de société dans lequel nous vivons (KOURGANOFF. 1965. 81), hâte qui cependant ne peut être que préjudiciable à la solidité des fondements de ces sciences.

Cette remarque semble exacte pour l'ensemble des sciences de l'homme. Le caractère de gratuité, nécessaire sans doute au moins tant que les résultats de la recherche ne sont pas assurés, est encore menacé par le fait que les découvertes dans le domaine des sciences de l'homme remettent le plus souvent en cause des valeurs établies, celles que, précisément et en général, le pouvoir politique protège. Il en découle habituellement d'inévitables conflits.

Aussi n'est-ce sans doute pas un hasard si la méthode comparative se situe comme en écho par rapport à ce caractère de gratuité vs. utilitarisme de la démarche scientifique. Paradoxalement, c'est du droit comparé, discipline à vocation pourtant éminemment pratique et utilitaire, que nous viennent des conseils d'ouverture et de gratuité...

Les juristes nous rappellent que le droit comparé est non seulement une méthode, mais aussi un «art» (KOKKINI-IATRIDOU. 1986. 193) dont l'exercice suppose un «talent». Ils nous rappellent également que la méthode comparative exige des qualités d'ouverture puisqu'il «n'est pas possible... d'aborder l'étude comparative sans un minimum de sympathie ou tout au moins de compréhension ouverte pour le système envisagé» (ANCEL. 1966. 76). Ils nous rappellent encore qu'il «n'est pas possible ... d'entreprendre cette étude sans se libérer de ce provincialisme intellectuel qui arrête encore tant d'esprits devant la prise en considération des réalités étrangères» (Ibid.).

Pourtant, c'est dans le domaine du droit comparé que le caractère utilitaire de la démarche comparative est à la fois le plus présent et le plus justifié. Il y a à cela des nécessités ou des urgences, telle que, par exemple, la coexistence dans le monde contemporain des deux grands ensembles que constituent les pays socialistes en regard des pays occidentaux, ou encore telles que les relations entre ces derniers pays et les pays décolonisés (KNAPP. 1978. 1028). Ces nécessités débouchent d'ailleurs sur la création récente de nombre d'instituts et d'organismes consacrés aux problèmes de droit comparé.

Toujours pour poursuivre le paradoxe ouvert par le droit comparé, la soumission aux nécessités et aux urgences contemporaines, de même que la solution pragmatique de problèmes concrets, semble pouvoir déboucher à plus lointaine échéance sur l'élaboration d'une théorie générale par le biais d'un examen de plus en plus large de situations différentes. C'est ce qui se produit, par exemple, dans le domaine du droit comparé avec la prise en compte d'une jurisprudence internationale de plus en plus importante (MAYDA. 1970. 79).

Cette remarque nous permet d'aborder une dernière question de méthodologie du comparatisme dans les sciences de l'homme : faut-il procéder par structuration et formalisation au départ des comparaisons ou, au contraire, procéder par comparaisons de plus en plus larges et aboutir ainsi éventuellement à une structuration et à une formalisation du domaine ? Cette question rejoint celle du degré de généralisation le plus adéquat dans un domaine.

Ces interrogations sont également liées à celle du caractère gratuit ou non de la démarche. En effet, dans la mesure où la possibilité d'une action immédiate sur la réalité veut être préservée ou tout simplement, comme on le verra plus loin, lorsqu'on souhaite maintenir l'expression théorique à un niveau de généralisation requis, il faudra sans doute limiter l'examen d'une question à un nombre relativement peu élevé de cas distincts.

Dans l'hypothèse inverse, comme le fait remarquer ZLATESCU (1983. 560) à propos du droit comparé, «par l'accroissement du nombre des cas, le résultat de la comparaison devient plus valable, mais, nécessairement, plus général, plus abstrait, en perdant des éléments concrets». En d'autres termes, la description revêt un degré d'abstraction inadéquat par rapport au but qu'elle poursuit.

Pour prendre, sur ce point, deux attitudes complémentaires et antithétiques, du moins en principe, contrastons les démarches de l'historien et de l'anthropologue. On dit souvent que l'historien traite de faits uniques, en réalité les événements dont il s'occupe sont plutôt particuliers, tandis que l'anthropologue vise à la généralisation de ses observations (FREEDMAN. 1978. 30).

L'historien s'inscrit donc dans une épistémologie de l'événementiel, dont les travaux de LACAN et de RICOEUR notamment nous ont conduits à mieux prendre pleine conscience. Cette démarche, au sens strict, exclut la comparaison, elle l'accepte pourtant, elle la sollicite sans doute, aussi bien en amont qu'en aval de cet événement particulier.

A l'inverse, et quel que soit le mal du siècle ou le romantisme qui s'y soit ajouté, l'écriture des «Tristes tropiques» et la description de scènes particulières de la vie quotidienne chez les Indiens Nambikwara, ne fut possible à LEVI-STRAUSS que par le degré de structuration et de formalisation que l'étude de nombreuses sociétés différentes lui avait permis d'atteindre.

Entre ces deux positions de l'événementiel singulier et du système universel, positions rendues plus extrêmes pour les besoins de notre exposé qu'elles ne le sont dans les pratiques scientifiques réelles, il y a place pour tous les degrés de ce qu'on appelait souvent l'analogie (LENOIR. 1923. 49), procédé de comparaison dans lequel l'accent serait mis davantage sur des similarités de rôle ou de fonction, de même que sur«la logique à laquelle obéit l'agencement des matériaux».

On entrevoit que la pratique scientifique devra, selon les situations, s'accommoder de tel degré de généralisation ou de tel autre. Prétendre à tout prix à l'universel au nom d'une certaine rationalité détruirait sans doute la science telle que nous la connaissons et telle qu'elle a pu se construire notamment dans le jeu des contradictions et des irrationalités successives (FEYERABEND. 1979. 186 sq.).

Les règles de méthode ne se posent finalement que dans les limites d'un domaine particulier et à propos d'un objet bien défini. En effet, tout se passe «comme si l'expérience de vérité se trouvait à la rencontre de deux procès (avec les deux sens de ce mot) qui s'originent en deux sources différentes».

Le premier de ces procès nous vient «d'en haut» et est théorique, «il permet la découverte par l'entendement, la raison, l'intelligence et la ruse, ou par le témoignage et la tradition, ou par l'inspiration et l'illumination»; l'autre de ces procès nous vient «d'en bas» et est pratique, «il établit la légitimité du fondement de la vérité de cette découverte par rapport à un domaine particulier, du réel et du discours, qu'elle est censée concerner» (ATLAN. 1986. 355).

Ceci conduit à poser divers domaines de légitimité, d'une discipline à une autre, mais aussi d'un cas d'espèce à un autre au sein d'une seule discipline. En regard de ces diverses légitimités, se poseront diverses formes et degrés de comparaison. Aucune ne pourra a priori l'emporter sur les autres puisque telle légitimité ne peut a priori prendre le pas sur telle autre.

Le comparatisme, en tant que méthode, débouche donc nécessairement sur une interrogation sur la légitimité de telle démarche, de telle interprétation, de telle comparaison. Il va sans dire que, puisque le comparatisme suppose l'auto-implication et la décentration du sujet, ces questionnements s'adresseront en premier lieu à celui-ci et ensuite à l'Autre ou à propos de l'Autre.

La comparaison ainsi conduite mène à ce qu'on a appelé «une universalité de la pratique» (ATLAN. 1986. 25). C'est sans doute la seule universalité qui ne soit pas illusoire que celle qui se construit sur la base de valeurs qu'engendrent les luttes, la coexistence et le dialogue, celle qui m'amène à m'impliquer et à sortir de moi dans une relation sans complaisance et ouverte envers l'étranger.

3. Le statut épistémologique du comparatisme.

Une vue cavalière de l'évolution des sciences de l'homme durant les derniers siècles montre à quel point la remarque de Fernand BRAUDEL (Apud KOURGANOFF. 1965. 80) se révèle fondée : on ne peut nier, en effet, que ces disciplines se soient parfois simplement constituées et aient considérablement progressé durant cette période et particulièrement durant les cinquante dernières années, pourtant, dans ce même temps, elles semblent s'éloigner les unes des autres quand leurs points de vue respectifs ne paraissent pas tout simplement se contredire.

Tout se passe comme si le progrès, dans une orientation déterminée, ne pouvait s'accomplir qu'au prix du sacrifice progressif des finalités initiales. Ainsi, par exemple, les sciences sociales n'ont progressé que grâce à une attention croissante apportée aux aspects méthodologiques de la recherche et «à la volonté... de concentrer <les> efforts sur les enquêtes nettement délimitées et sur la construction de modèles abstraits» (ROKKAN. 1971. 780).

La volonté d'applications immédiates, jointe aux encouragements du pouvoir, a accentué les effets pernicieux du succès de ces sciences au point de détourner les chercheurs du désir de généralisation des résultats obtenus grâce à la comparaison transculturelle et transnationale. Si ces disciplines y ont gagné en précision méthodologique, elles en ont pourtant perdu de vue l'objectif initial qui devait être «la connaissance systématique des sociétés humaines obtenues par la méthode comparative» (Ibid.).

On pourrait, à la rigueur, concevoir une démarche qui se limite volontairement à l'étude de tel groupe social ou, plus généralement, à tel aspect de l'être humain, mais il faudrait alors en tirer toutes les conclusions du point de vue méthodologique et épistémologique. C'est ainsi qu'il faudrait présenter les résultats obtenus uniquement sous l'angle de l'événementiel et du singulier. Or c'est exactement l'inverse qui semble se produire : le refus de comparer, soit au sein d'une seule discipline entre des ensembles différents, soit d'une discipline à l'autre dans le cadre d'une pratique interdisciplinaire, se justifie le plus souvent par des exigences prétendument scientifiques.

La vision globale que devrait permettre d'atteindre la méthode comparative, surtout — comme on le verra ci-dessous — si elle s'accompagne d'une pratique interdisciplinaire, n'est certes pas aisée. Même ceux qui prétendent s'y adonner ne réussissent souvent pas mieux à en exorciser les pièges.

ETIEMBLE, à qui ce reproche ne peut être adressé, s'est toujours élevé contre ce qui apparaissait à ses yeux comme une contradiction majeure : se prétendre comparatiste, par exemple en littérature, mais borner ses recherches à une seule période, un seul domaine, un seul auteur, voire à une seule oeuvre, au point que «la recherche fragmentaire, orientée prudemment vers les détails et les menus rapports de faits, sur des points précis mais perdant forcément de vue l'ensemble, (devienne) ainsi le plus grand des dangers» (MARINO. 1982. 183).

Dans la mesure où la spécialisation est concentration sur certaines questions dont le traitement est volontairement limité, le comparatisme s'y oppose fondamentalement puisqu'il repose, quand il n'est pas vain et de pure forme, sur la capacité de décentration. Ainsi défini, le comparatisme s'identifie sans doute à un nouvel humanisme qui exclut certaine discipline universitaire (MARINO. 1982. 198), l'ouverture à l'Autre rejoint la décentration nécessaire à toute démarche réellement scientifique (PIAGET. 1971. 9).

Les exigences inhérentes au comparatisme rejoignent ainsi la nécessaire interdisciplinarité des sciences de l'homme. En effet, la pratique interdisciplinaire se recommande de plus en plus comme une perspective d'avenir sinon obligatoire du moins très prometteuse.

C'est qu'on découvre toujours davantage combien existe, entre les divers champs d'étude, une unité épistémologique découlant des isomorphismes et des homomorphismes des structures étudiées et qui s'exprime dans des abstractions comparables (SMIRNOV. 1983. 57). On perçoit aussi mieux combien les méthodes utilisées sont relativement indépendantes par rapport au champ de chaque discipline (Ibid.).

A ces considérations d'épistémologie générale s'ajoute une prise de conscience récente, mais apparemment vigoureuse, dans le domaine particulier des sciences de l'homme. Si ces sciences ont pour tâche fondamentale «d'analyser les conditions de production et de transformation de l'existence sociale de l'humanité sous ses formes collectives et individuelles» (GODELIER. 1982. 22), elles ne peuvent atteindre cet objectif dans l'isolement d'une pratique exclusivement spécifique.

Pour reprendre les termes utilisés par GODELIER dans son texte introductif au rapport et aux propositions d'action remis au Président de la République Française en 1982 (Ibid.) : «il est aujourd'hui de plus en plus clair, sur le plan épistémologique, qu'il ne peut y avoir de sociologie ou d'anthropologie rigoureuses coupées de l'histoire, d'histoire rigoureuse coupée de l'économie ou de l'anthropologie, de même qu'il ne peut y exister de psychologie coupée de la linguistique, de la sociologie et, évidemment, de la biologie». En fonction de leur objet ultime, il en va de même pour chacune des sciences de l'homme et aucune ne peut donc échapper à la nécessaire transgression des frontières disciplinaires.

L'interdisciplinarité est donc possible épistémologiquement. L'évolution méthodologique y incite d'ailleurs les chercheurs. Enfin, dans les sciences de l'homme, il s'agit là d'une véritable nécessité que découvre la science contemporaine. On passerait ainsi progressivement du stade de la transdisciplinarité à celui de la codisciplinarité, terme créé par PALMADE (1977. 288) pour désigner «l'ensemble des conceptions qui permettent d'unifier la connaissance de diverses disciplines, tout en maintenant l'originalité et la spécificité propres à chacune d'elles».

Le comparatisme, avec son exigence fondamentale de décentration et sa volonté de transgression des frontières disciplinaires, s'inscrit donc d'emblée dans ces exigences d'une épistémè contemporaine. Dans notre univers en proie à l'hyperspécialisation et à la parcellarisation du savoir, le comparatiste, «ce spécialiste du général», comme le qualifie MARINO (1982. 184), entreprend de relier entre eux des savoirs disloqués.

Le comparatisme est, par vocation et même par nature, quand celle-ci n'est pas dévoyée, ouverture et esprit de découverte. Il est peut-être mieux armé, dès lors, pour s'attaquer à ce qui constitue, pour les sciences de l'homme, une véritable «adversité épistémologique» à savoir l'action constante des idéologies sur les pratiques scientifiques de ces disciplines (PALMADE. 1977. 278).

Le comparatisme, en effet, par son caractère militant et sa volonté d'abattre les frontières, selon les termes d'ETIEMBLE (Apud MARINO. 1982. 12), multiplie nécessairement les points de vue et en révèle également la partialité inévitable. Faute de cette décentration dont parle PIAGET, comment ne pas tomber dans le piège que constitue l'appel au réalisme et à dépasser les idéologies lorsqu'il «s'adresse à des conduites qui, tout en se réclamant de la science, ont pour sens de dissimuler le sens» (PALMADE. 1977. 278) ?

D'une science de l'homme à une autre, le comparatisme fonctionne apparemment selon d'autres critères. Cela peut paraître étrange tant en fonction de ce que nous avons dit sur sa fonction interdisciplinaire naturelle en quelque sorte que de son rôle dans le dévoilement des idéologies. Pourtant, ces divergences de fonctionnement mettent en évidence les lieux mêmes de la fragilité épistémologique de chacune de ces disciplines et par conséquent aussi les moments où la description bascule dans l'idéologie.

Reprenons rapidement les quatre classes de sciences de l'homme que nous avions énumérées dans notre introduction. A chacune correspond un mode de comparaison privilégié : dans les sciences dites nomothétiques, la comparaison se heurte aux difficultés de la conceptualisation. Sans concepts bien définis, sans opérateurs formalisés, comment exprimer sous forme de lois, éventuellement mathématiques, les tendances ou les constatations effectuées ?

Dans la seconde catégorie de sciences, disciplines herméneutiques ou historiques, la comparaison butte sur le caractère événementiel et contingent, ce qui constitue effectivement le lieu de fracture entre ces disciplines et, par exemple, la sociologie ou l'anthropologie culturelle.

Dans les sciences normatives, la comparaison risque de n'être plus qu'une aide pratique dans l'emploi conjoint de deux ou plusieurs systèmes de normes du même ordre, ainsi lorsqu'on élabore une grammaire contrastive de deux langues, ou presque toujours dans le domaine du droit comparé.

Enfin, dans les sciences spéculatives, la comparaison est réduite au rôle de simple analogie, c'est-à-dire de ressemblances plus ou moins lointaines, soit qu'elles s'imposent d'elles-mêmes et qu'on ne peut les éviter, soit simplement parce que leur évocation permet une meilleure compréhension du propos.

Dans la pratique disciplinaire, l'emploi de la comparaison met ainsi en évidence non seulement la nécessité de dépasser les frontières de chaque discipline, mais aussi les cheminements qui se recommandent particulièrement et les points de faiblesse marqués dans le tissu explicatif.

Envisagé de ces diverses manières, le comparatisme prône une vision globale de l'homme qui lui confère son statut épistémologique particulier. Il constitue une de ces «sciences diagonales», comme les appelle Roger CAILLOIS (Apud ETIEMBLE. 1978. 13), désignant ainsi des pratiques qui permettent à l'homme de relier des bribes de vérité ou des domaines, autrement hermétiques, les uns aux autres.

Cette «diagonalité» devra se vivre en rencontrant en premier lieu les difficultés de la comparaison propres à chaque domaine. Illustrons ceci par l'exemple de l'histoire comparée.

On a vu que la comparaison en histoire, discipline herméneutique, se heurtait au caractère singulier et événementiel des phénomènes étudiés par cette science. De fait, DURKHEIM (Apud BURGUIERE. 1986. ix) écrivait déjà que «l'histoire ne peut être une science que dans la mesure où elle explique et l'on ne peut expliquer qu'en comparant... Or dès qu'elle compare, l'histoire devient indistincte de la sociologie»[1].

Ne pouvait-on mieux exprimer la vocation de l'histoire, comme de toutes les sciences de l'homme, à la globalité, qu'en montrant comment la comparaison effaçait les frontières entre, par exemple, l'histoire et la sociologie ?

Car, ce qui est vrai en un sens pour l'histoire est vrai également, dans l'autre sens, pour la sociologie. On a vu, en effet, que la comparaison en sociologie se heurtait aux difficultés d'une conceptualisation inadéquate lorsqu'on franchissait les frontières de la société pour laquelle elle avait été établie initialement. Dans le sens inverse, l'application d'une loi sociologique à telle situation concrète doit prendre en charge la spécificité de chaque situation particulière, ce qui rejoint en quelque sorte l'événementiel et le singulier de l'histoire.

Cet exemple permet d'aborder le dernier point. Si le comparatisme est invitation pressante au franchissement des frontières disciplinaires, il est aussi, est-il besoin de le dire, réconciliation avec la singularité historique.

L'épistémologie et l'histoire des sciences, de même que la sociologie de la connaissance, nous apprennent, en effet, combien les découvertes contemporaines, au même titre que les cécités, sont largement l'aboutissement d'une histoire (FEYERABEND. 1979. 48 sq.).

Le fait de reconnaître cette dimension historique et ensuite de l'assumer serait même une des découvertes majeures et récentes des sciences de l'homme[2]. Pour PIAGET (1971. 11), en effet, «l'une des principales différences... entre les phases préscientifiques de nos disciplines et leur constitution en sciences autonomes et méthodiques est la découverte progressive du fait que les états individuels ou sociaux

---

[1] Ceci n'exprime qu'une des conceptions possibles de l'histoire comparée, celle que mettent implicitement en oeuvre des travaux tels que ceux organisés dans le cadre des rencontres de la «Société Jean Bodin».
Une toute autre conception de l'histoire comparée est celle que préconise Fernand BRAUDEL et dont il prétend d'ailleurs qu'«il n'y a pas d'histoire scientifique possible si l'on n'emploie pas la méthode comparative« (BRAUDEL. 1986. 70). Selon cet auteur, l'histoire comparative équivaut, en effet, à l'histoire selon la longue durée. Celle-ci s'obtient par l'élimination de ce qui est précisément de l'ordre de l'événementiel ou du conjoncturel.
Selon BARRACLOUGH (1978. 435), reprenant d'ailleurs la définition utilisée dans le programme des cours de l'Université Brandeis, l'histoire comparée peut se définir comme «la conceptualisation et l'étude du passé en fonction de catégories et de paradigmes politiques, sociaux, économiques, culturels et psychologiques». En d'autres termes, l'histoire devient comparée, et quitte donc l'événementiel, en franchissant les limites de sa propre discipline ou en traitant de la comparaison d'une autre manière.
[2] Cf. notre troisième conférence et la modification du sens historique qui se met en place en Occident depuis la fin du XVIIIème siècle.

directement vécus et donnant apparemment prise à une connaissance intuitive ou immédiate sont en réalité le produit d'une histoire ou d'un développement dont la connaissance est nécessaire pour comprendre les résultantes».

C'est également le phénomène qu'on appelle la distanciation en psychologie. Sa prise en charge suppose une décrispation par rapport au *hic et nunc* : celle-ci n'est-elle pas aussi une forme de décentration ? Dans ce cas cependant, la comparaison débouchera sans doute vers la recherche causale à travers les développements d'enchaînements[1].

4. Conclusion.

Le progrès que le comparatisme a permis d'accomplir aux sciences de l'homme se mesure aisément, me semble-t-il, dans le contraste existant, à propos des explications sur le langage, entre les diverses systématisations qui se succédèrent, depuis l'Antiquité jusqu'au début du XIXème siècle, et l'avènement de la grammaire comparée avec F. BOPP notamment.

Dans cet exemple, la difficulté à surmonter était double pour que se constitue une véritable réflexion scientifique sur le langage. La centration du linguiste, en effet, est double : «centration psychologique, tant que ne se multiplient pas les termes de comparaison, et centration normative qui pousse à croire que la science du langage se réduit à la grammaire et que la grammaire de la langue propre est un reflet plus ou moins direct de la logique universelle» (PIAGET. 1971. 9).

Cependant le propre de la relation centration vs. décentration est sans doute de ne jamais pouvoir être définitivement dépassée. Pour poursuivre avec l'exemple de la grammaire comparée, si l'indo-européen n'a pu être reconstruit que par le dépassement de la double centration que je viens de rappeler, on sait aussi comment il servit ensuite, il y a une cinquantaine d'années, de prétexte à une idéologie centrée sur la prétendue race aryenne. On a donc eu, successivement et a propos des mêmes réalités, une suite historique de phases de centration et de phases de décentration.

Si on pose le comparatisme en tant que valeur de décentration et d'auto-implication, ainsi que nous l'avons fait dans ces conférences, il faudra qu'il se vive en tant qu'humanisme également. En effet, s'il n'y a pas de limites, ni à l'implication personnelle, ni à la décentration sur de

---

[1] L'application de la comparaison à la transmission historique de systèmes de normes donne lieu à la reconstruction de codes dont le caractère plus ou moins formel dépend d'une part du degré de formalisation du ou des code(s) à partir desquels s'élabore cette comparaison, et d'autre part de la manière dont le système s'est transmis. Un exemple de code reconstruit par le jeu de comparaisons historiques nous est donné par la grammaire comparée.

toujours nouvelles questions, l'ambition naturelle du comparatisme est nécessairement étendue à l'univers et cosmopolite.

Les valeurs de tolérance et d'intérêt à l'Autre que prône le comparatisme sont de portée universelle et débouchent sur un humanisme contemporain. Celui-ci se définirait en tant que «conception et style de vie spirituel, intellectuel, social, sous le signe de la coopération, de la bonne entente, de la solidarité et de la réciprocité» (MARINO. 1982. 159).

Ce nouvel humanisme qu'ETIEMBLE appelle de ses voeux (1978. 13) aura pour mission de «former et consolider la conscience de l'unité de toutes les cultures et les littératures, <de> surmonter les barrières et les orgueils nationaux, <de> résister à toute forme d'impérialisme, d'asservissement, de dépendance, <de> s'élever contre le préjugé des prétendues supériorités nationales... et <de> mettre à leur place les valeurs humaines de signification universelle» (MARINO. Ibid.).

Ainsi conçu, le comparatisme tempère les vérités proférées des divers lieux d'où l'homme se parle à lui-même et à son semblable. Il débouche certes sur un relativisme cognitif, mais celui-ci est non-trivial (ATLAN. 1986. 24). C'est-à-dire qu'il ne situe la vérité ni au plus petit commun dénominateur de ce que chacun est capable d'atteindre, ni non plus hors de portée de l'esprit humain. Simplement, par la reconnaissance du discours de l'Autre, exprimé en ses mots et à sa manière, il découvre l'autonomie individuelle et la nécessité du dialogue.

Renonçant à l'horreur du «Gott mit uns !», le discours comparatiste n'appréhendera pas les difficultés liées et inhérentes à sa démarche et à sa méthodologie. Plus la variété culturelle, sociale, politique, linguistique et historique sera grande, plus la méthodologie se hérissera de difficultés, même jugées insurmontables, plus la théorie et la compréhension de la réalité sera enrichie (ROKKAN. 1971. 766).

Travail à double dimension puisque la synthèse théorique et son expression contingente supposent évidemment une intégration des éléments étrangers et une recentration de l'esprit, tandis que l'ouverture et l'attention toujours éveillée à l'Autre relèvent davantage d'une attitude intérieure proche de la sagesse[1]. Double dimension, difficile à acquérir,

---

[1] On en déduira la nécessaire double compétence de ceux qui prétendent expliquer les comportements humains, double compétence qui serait, pour les mêmes raisons, tout aussi nécessaire à ceux qui prétendent agir sur les hommes, ou mieux agir avec les hommes. Le transfert de compétence des sciences de la nature ou de la médecine à l'intelligence de l'homme est souvent supposé sans que rien ne vienne pourtant justifier cette prétention.

C'est ainsi, pour prendre un exemple tout récent, que la réunion des lauréats du Prix Nobel à Paris, à l'invitation du Président de la République Française afin de s'exprimer sur les promesses et sur les menaces qui planent sur l'humanité à l'aube du XXIème siècle, ne laissent la parole qu'à des spécialistes de la physique, de la

difficile à maintenir, double dimension qui n'est cependant, à bien réfléchir, que l'expression de la nature du dialogue avec l'Autre...

---

chimie, de la médecine, outre et heureusement quelques lauréats du Prix Nobel de la Paix (CONFERENCE. 1988. passim).
Les propos tenus, sauf par les Nobel de la Paix, se révèlent, dès qu'ils quittent leur spécialité, fort décevants. On constate, chez la plupart de ces sommités, une effarante naïveté dans leur approche du phénomène humain dont ils n'ont pas l'air de soupçonner la complexité... !

5. MODES DE RELATION À L'AUTRE ET TYPOLOGIE DE LA TRADUCTION

Résumé : *Le comparatisme peut se définir comme un certain mode de relation à l'Autre. Les processus de décentration et d'auto-implication qu'il suppose ne sont pas spontanés, mais résultent, au contraire, d'un lent apprentissage et d'une prise de conscience progressive. On peut distinguer plusieurs degrés dans l'avènement de cette conscience : l'analyse de l'ethnocentrisme et les expériences de Milgram se recoupent pour mettre en évidence trois niveaux de conscience de l'Autre. L'analogie avec le développement de l'enfant se manifeste sur le plan de l'acquisition des pronoms personnels et de la fonction dialogique. Ceci suggère un étroit parallélisme entre les plans comportemental et psychologique d'une part et de l'autre les modalités d'utilisation du langage et de sa perception. Il en découle que les manières de percevoir l'Autre se reflètent aussi dans l'attitude adoptée envers le langage de l'Autre.*

Plan :

1. *Introduction : Comparatisme et relation à l'Autre. Processus de décentration et d'auto-implication : apprentissage et prise de conscience.*

2. *Les degrés de conscience : L'analyse de l'ethnocentrisme. Les expériences de Milgram. Trois degrés de conscience.*

3. *Les attitudes face au langage : Développement de l'enfant et acquisition des pronoms personnels et de la fonction dialogique. Parallélisme entre comportements et modalités d'utilisation du langage.*

4. *Conclusion : Manières de percevoir l'Autre identiques aux attitudes envers son langage.*

*   *

*

1. Introduction.

Le comparatisme peut se définir comme une modalité de la relation à l'Autre. On sait qu'il suppose une implication personnelle et une décentration, deux processus qui sont loin d'être aussi spontanés qu'on ne le pense habituellement, mais qui résultent au contraire d'un lent apprentissage et d'une prise de conscience progressive. Sans doute pourrait-on également définir par l'un et par l'autre le processus de maturation. C'est à vérifier cette hypothèse que cette conférence sera consacrée.

Si on considère la maturation comme un processus par lequel un individu se révèle capable, progressivement et par paliers successifs, d'intégrer dans sa personnalité et dans son champ d'expérience les données, même hétérogènes, de l'existence quotidienne, on comprendra que les diverses modalités de la rencontre avec l'Autre, depuis le milieu primaire de la première socialisation jusqu'à d'éventuels contacts avec des cultures fort différentes, constituent le terrain privilégié de cette maturation.

Chaque phase d'intégration se marque par une recentration sur le sujet. Celui-ci vit ce moment, initialement, comme porteur de sécurité et de bien-être, moment où les expériences antérieures se mettent en place dans la conscience, mais aussi se réduisent, le cas échéant, aux catégories cognitives psychologiquement supportables ou admissibles.

Inversement, la démarche vers l'Autre oblige à se décentrer, c'est-à-dire à mettre ses certitudes entre parenthèses, à suspendre sa sécurité et sa cohérence. Aller vers l'Autre, c'est quitter des certitudes finies et coutumières pour aller au devant de «vérités jamais simples, jamais complètes» (GROSSER. 1969. 315). C'est aussi troquer des certitudes immobiles contre une incertitude qui n'exclut pas la sérénité, substitution d'ailleurs indispensable si on entend rendre permanente l'attention à autrui, l'ouverture vers l'inconnu et la capacité de communiquer et d'innover.

La comparaison sera la voie normale de la démarche vers l'Autre. Si elle bouleverse trop les habitudes de pensée et les comportements, la comparaison tendra habituellement au rejet de ce à quoi on compare, ou à sa réduction à des catégories acceptables, catégories d'ailleurs éventuellement méprisées ou peu estimées (FESTINGER. 1971. 82).

On entrevoit déjà que de trop grands écarts fonctionneront comme des facteurs de dissuasion de la comparaison et engendreront des attitudes d'évitement, sinon de ségrégation ou d'agressivité envers l'Autre. La règle est générale et a pu être formulée de façon précise en psychologie sociale. En effet, on constate qu'on choisit, à l'intérieur d'un champ de comparaisons donné, «de préférence comme termes de comparaison ceux dont l'aptitude ou l'opinion sont les plus proches» (FESTINGER. 1971. 81).

En d'autres termes, la règle selon laquelle «la tendance à se comparer à un autre décroît à mesure qu'augmente la différence entre soi-même et cet autre» (Ibid.), règle qui vaut tant pour les opinions que pour les aptitudes et les comportements, rejoint ce qu'on rappelait en débutant, à savoir que la tendance à se décentrer et à s'impliquer, que suppose la comparaison, heurte le désir d'intégration et de sécurité qui est naturel en chacun de nous.

La comparaison est donc bien souvent détournée au seul profit d'un renforcement de l'image qu'on a de soi et n'est dès lors entreprise qu'avec ceux dont l'opinion ou l'aptitude sont perçues comme proches des nôtres.

C'est la proximité naturelle de ce qui est comparable qui permet aux deux mécanismes, d'ailleurs apparentés, de l'identification et de la projection, de se produire. On voit que, si la comparaison n'est pas en soi un processus naturel et spontané, son extension progressive à des objets de plus en plus lointains doit faire l'objet d'un lent apprentissage. Ainsi, peu à peu, s'étendra le champ des comparaisons vécues non seulement comme non menaçantes par le sujet, mais au contraire comme source d'enrichissement personnel et d'épanouissement.

L'identification et la projection sont deux des procédés par lesquels le sujet parvient à intégrer les données fournies par la comparaison. Dans le premier de ces mécanismes, en effet, un sujet assimile un aspect ou une propriété de l'autre et se transforme ainsi graduellement sur le modèle de cet autre (LAPLANCHE et PONTALIS. 1973. 187)[1]

La projection, elle, est le correspondant externe de l'identification. Elle consiste à attribuer à l'autre ses propres désirs, ses propres craintes ou ses propres sentiments. Sorte de solution de compromis devant la nécessité du contact et du dialogue avec l'autre, si la projection entrave la véritable communication interpersonnelle (PIVETEAU. 1978. 633), elle peut cependant se révéler positive puisqu'elle permet d'assumer une rencontre qui se présenterait autrement comme impossible ou du moins menaçante.

Comme telle, la projection facilite initialement la relation à l'Autre, cependant comme elle résulte d'un mécanisme de défense par lequel on projette sur autrui des désirs ou des craintes dont l'acceptation consciente provoquerait un sentiment de culpabilité difficile à supporter, elle est aussi responsable de la libération de l'agressivité sur autrui[2].

---

[1] Pour simplifier, nous ne faisons pas ici la distinction entre identification et incorporation ou introjection (LAPLANCHE et PONTALIS. 1973. 189 sq.). Les notions d'incorporation et d'introjection, deux formes archaïques de l'identification, correspondent sans doute assez bien respectivement au premier et au deuxième stades de la relation à l'Autre telle que nous la concevons dans cette conférence.

[2] Le mécanisme de l'identification à l'agresseur chez l'enfant permet à celui-ci de revivre, par projection sur l'adulte, l'expérience désagréable dont il vient d'être

Les deux mécanismes de l'identification et de la projection sont également à l'oeuvre dans les relations sociales; c'est ainsi, par exemple, que selon la dialectique bien connue du maître et de l'esclave il y a projection réciproque des inférieurs et des supérieurs dans une hiérarchie donnée. De même encore, l'agressivité, résultant du refus de se sentir tel qu'on est et du sentiment mêlé d'angoisse et de culpabilité qui en découle, s'exprimera par projection dans le phénomène bien connu du «bouc émissaire» en oeuvre, par exemple, dans le racisme.

On comprend dès lors que, si les processus d'identification et de projection permettent une première approche de l'Autre, le contact qui en résulte est nécessairement appauvrissant. Si nous avons traité de ces modalités de contact à l'Autre, c'est parce que nous les retrouverons à l'oeuvre dans les comportements et dans la manière de traiter le langage de l'Autre.

Toute différente de l'identification est l'intériorisation. Alors que dans le premier processus il y a pour ainsi dire occultation ou même disparition de propriétés personnelles au bénéfice de traits importés de l'Autre, dans le second, au contraire, c'est la relation à l'autre elle-même qui devient partie intégrante du sujet, ou encore, selon les termes de LAPLANCHE et PONTALIS (1973. 190), «l'identification se fait à des *objets :* personne ('assimilation du moi à un moi étranger'), ou trait d'une personne, objets partiels, tandis que l'intériorisation est celle d'une *relation* intersubjective».

On voit que les mécanismes de l'identification, comme ceux de la projection, s'ils marquent dans la psychogenèse des étapes sans doute obligées et s'ils instaurent un début de relation à l'autre, comportent cependant en eux-mêmes les limites de ces tentatives de dialogue.

En effet, dans les deux cas, le Je et l'Autre ne sont pas pris pour ce qu'ils sont réellement. Dans l'identification, des propriétés censées appartenir à l'Autre et jugées positives sont incorporées au Je, tandis que dans la projection ce sont des pulsions agressives issues du Je, reflets de son angoisse et de sa culpabilité inconscientes, qui sont attribuées à l'Autre.

Les véritables échanges épanouissants entre le Je et l'Autre passent nécessairement par un processus de décentration du sujet et par son implication dans le vécu de la relation et du dialogue. Puisque le langage, dans ses diverses composantes, est le moyen privilégié de communication, on peut s'attendre à ce que s'y manifeste, à travers son usage, le plus ou moins grand degré de maturité atteint par le sujet.

---

l'objet. En jouant à son tour le rôle de l'«agresseur», l'enfant parvient à assumer et à assimiler cette expérience traumatisante (REYMOND-RIVIER. 1981. 295).

De la naissance à la maturité, l'être humain passe par une série de décentrations successives. L'enfant évolue ainsi d'un système de référence égocentrique à une pensée conceptuelle abstraite, les décentrations augmentant en lui, progressivement, «la distance entre le vécu immédiat et les activités cognitives» (GUELFI. et al. 1987. 648)[1].

La décentration n'est donc pas un luxe, ni même un processus dont l'enfant peut faire l'économie. Pour atteindre les paliers successifs de son évolution, l'enfant doit à chaque fois se détacher du stade auquel il était parvenu et qui lui assurait, dans ce contexte bien particulier, la cohérence et la sécurité. C'est ainsi qu'il faut envisager les processus d'identification et de projection comme étant nécessaires à tel moment de la psychogenèse afin d'atteindre tel palier évolutif, mais se révélant ensuite comme des entraves pour entreprendre l'évolution vers le palier suivant.

La psychologie cognitive a montré que l'enfant ne peut percevoir correctement la réalité : il la déforme systématiquement, mais sans pouvoir pour autant prendre conscience spontanément de ces déformations. Sans doute la même observation doit-elle être formulée à propos des perceptions de l'adulte, il faut même «se demander si la présence de déformations n'est pas inhérente à la nature des mécanismes perceptifs, qui procèdent par échantillonnage probabiliste au lieu de fournir une 'copie' précise de l'objet» (PIAGET apud MOAL et PECHEUX. 1981. 354).

Si, comme le pense notamment PIAGET, toute connaissance, aussi bien représentative que perceptive, est initialement déformante, cela est dû essentiellement au fait qu'elle est centrée sur le sujet, sur son milieu et sur sa culture[2]. Par le jeu de la comparaison, le sujet élargira son point de vue en débordant de son univers initial de croyances et d'intérêts.

---

[1] L'enfant, dans son évolution jusqu'à l'adolescence, progresse ainsi par quatre paliers successifs, marquant chacun un niveau d'adaptation bien spécifique : la période sensori-motrice de l'intelligence s'étend jusqu'à la fin de la deuxième année, ensuite la période pré-opératoire qui se subdivise en stade de la pensée symbolique (de 3 à 4 ans) et stade de la pensée intuitive (de 4 à 7 ans), puis la période des opérations concrètes dans laquelle le mode de pensée opératoire ne s'exerce que sur des objets concrets (de 8 à 11-12 ans), et enfin la période des opérations formelles où fonctionne la pensée conceptuelle et abstraite (début vers 11-12 ans) (GUELFI et al. 1987 648 sq.).
La période sensori-motrice de l'intelligence se subdivise elle-même en deux sous-périodes, importantes pour notre propos. En effet, alors que, durant les quinze premiers mois, l'enfant n'est centré que sur lui-même, d'où les noms donnés à cette période dite d'adualisme, de fusion ou de symbiose ou encore d'indifférenciation et d'égocentrisme, à partir du seizième mois environ après la naissance, l'enfant entre dans une seconde phase d'échanges avec son environnement. D'où le nom donné à cette seconde période dite de dualisme, de distanciation, d'individuation, de différenciation sujet-objet ou encore de décentration (MOUNOUD. 1987. 574 sq.).

[2] Nous suivons ici les thèses piagétiennes. En réalité, les choses sont cependant moins simples qu'il n'y paraissait au départ. Une expérimentation plus poussée a montré, en effet, sans pour autant infirmer les thèses de PIAGET, qu'il était

Les degrés de conscience de plus en plus aigus du sujet par rapport à son environnement résultent ainsi d'un apprentissage non terminable, grâce auquel des réalités hétérogènes, voire perçues initialement comme menaçantes ou repoussantes, peuvent progressivement être intégrées, admises et comprises sans nécessairement être partagées par le sujet.

La prise de conscience progressive de l'entourage et la découverte de la richesse de l'altérité ne se produisent pas au même degré chez tout le monde. Il semble qu'il y ait des paliers dans cette maturation et que certains individus, sans doute même une majorité, restent fixés à l'un ou l'autre stade.

C'est, pensons-nous, cette évolution inégale qui permet de rendre compte de diverses attitudes constatées tant en anthropologie qu'en psychologie sociale. Nous étudierons ces corrélations en premier lieu, nous examinerons ensuite dans quelle mesure elles correspondent à des attitudes envers le langage.

2. Les degrés de conscience.

Si la relation à l'environnement et à l'entourage s'avère difficile pour l'enfant, qui ne peut atteindre un degré de développement plus complexe et avancé qu'en se décentrant et en abandonnant progressivement son univers de référence initial, il en va de même, à l'âge adulte, pour les relations que le sujet entretiendra avec d'autres membres de la société à laquelle il appartient et aussi pour celles qu'il pourra avoir avec des membres d'autres groupes culturels.

Nous verrons donc successivement comment l'individu peut réagir face à l'étranger, ensuite, et par le biais des expériences de MILGRAM sur la soumission à l'autorité, comment l'individu perçoit les membres de son propre groupe et enfin quelle typologie s'en dégage, en adoptant comme critère le degré de décentration et d'auto-implication du sujet.

Si nous débutons par l'étude de la relation à l'étranger, c'est parce que notre fin de siècle semble particulièrement sensibilisée aux déviations que ce type de relation à l'autre pouvait subir. Rappelons simplement, et ce rappel n'est malheureusement pas exhaustif, les massacres des Arméniens, des Juifs, des Tsiganes ou des rares tribus indiennes qui

---

extrêmement difficile «d'isoler des phénomènes perceptifs, et, partant, un développement perceptif» (MOAL et PECHEUX. 1981. 354). Les thèses de PIAGET mettent l'accent sur le rôle actif du sujet dans l'apprentissage des processus perceptifs et cognitifs, d'un point de vue éthique elles conduisent à augmenter la part de la liberté et de la responsabilité dans les processus évolutifs personnels; en corollaire ces thèses tendent à minimiser l'importance des stimulations provenant de l'environnement et donc à diminuer la responsabilité collective dans les mêmes processus évolutifs. On peut procéder à l'inverse et insister sur la responsabilité collective et diminuer la part de l'activité individuelle dans l'évolution.

avaient survécu aux massacres antérieurs, pour mesurer et l'importance et l'actualité de la question.

Rappelons également, et ici la liste serait presque infinie, les innombrables comportements de supériorité ou d'infériorité adoptés dans les relations interethniques. Comment rendre compte de cette foule d'attitudes depuis l'apartheid sud-africaine jusqu'au racisme larvé de nos sociétés qui se croient tolérantes, mais où, cependant, il ne fait pas bon avoir une tête de Turc comme en témoigne l'expérience récente d'un journaliste allemand...[1] !

Ces attitudes s'appellent habituellement des comportements ethnocentriques pour la raison qu'ils sont motivés par une absence ou par une insuffisante décentration du sujet par rapport à ses propres échelles de valeurs, le sujet restant plus ou moins farouchement rivé sur ces dernières. Le sujet juge ainsi l'étranger et se comporte envers lui d'une manière d'autant plus dévalorisante que celui-ci adopte des comportements, ou simplement représente intrinsèquement à ses yeux des valeurs, méprisés dans sa propre société.

La pratique ethnographique contemporaine dans les pays d'Amérique du Sud a conduit récemment les ethnologues à proposer la notion d'ethnocide en opposition à celle de génocide. Dans ces régions, en effet, l'attitude des Occidentaux a oscillé entre deux formes de mépris de l'Indien.

Dans sa forme la plus radicale, celle qui est largement responsable, par exemple, du collapsus démographique constatable notamment au Mexique entre le moment de la première exploration au début du XVIème siècle et les débuts du siècle suivant[2], ou plus récemment celle qui est à la racine de l'holocauste de six millions de Juifs durant la dernière guerre mondiale, le mépris de l'Autre engendre le génocide.

Celui-ci constitue l'expression du refus le plus radical de l'Autre et de centration sur soi et sa propre culture. Dans cette perspective, l'étranger n'est souvent même pas considéré comme un être humain et, s'il est fréquemment comparé à l'animal, c'est à un animal malfaisant indigne d'être épargné ou même ménagé par l'homme. L'attitude envers lui se résume à la volonté de le détruire par tous les moyens, quand ce n'est pas de se repaître de ses souffrances. La seule atténuation possible de son sort n'est pas dictée par un reste d'humanité envers lui, mais tout simplement par le désir d'en retirer, avant sa mort, tout le profit possible en le surexploitant.

---

[1] Récit de Günter WALLRAFF, *Tête de Turc,* Paris. Ed. La Découverte. 1986 (traduction de l'allemand par Alain BROSSAT et Klaus SCHUFFELS).

[2] On estime, par exemple, la population du plateau de l'Anahuac à 25.200.000 âmes en 1519. Au lieu d'un accroissement naturel prévisible, cette population ne s'élève plus en 1605 qu'à 1.075.000 habitants (détails repris à CHAUNU dans JUCQUOIS. 1986. a. 61)

Dans ce pari pessimiste sur l'Autre, selon les termes de CLASTRES (Cité par JUCQUOIS. 1986. a. 29), la projection de haine, issue de l'inversion de l'angoisse personnelle et du sentiment de culpabilité, est si forte et si massive qu'elle ne peut laisser place à l'Autre. Aucun dialogue ne peut s'amorcer, la crispation est totale sur cette projection dont le parallélisme avec la démence paranoïaque s'impose.

Un stade plus évolué de la relation à l'étranger est constitué par ce que les ethnologues américanistes ont appelé l'ethnocide. Dans cette attitude, qui se révèle par contraste avec le génocide dont on vient de parler, un pari «optimiste» sur l'Autre — toujours selon les termes de CLASTRES — se manifeste.

Le sujet commence à se décentrer et accepte la possibilité de l'existence d'autres points de vue et d'autres échelles de valeur que les siennes. En outre, le sujet se sent relativement impliqué par la rencontre de l'étranger. Cependant, partant du présupposé de la prééminence de sa propre culture et de ses propres références, le sujet souhaite les voir adopter par l'Autre.

Ce souhait peut prendre une forme active et consistera alors à s'ingénier à «vouloir le bien de l'Autre», même malgré celui-ci. Il peut aussi prendre une forme passive, l'initiative de l'adaptation, jugée d'ailleurs comme allant de soi, est laissée à l'Autre dont on attend implicitement qu'il abandonne sa langue, ses moeurs et sa culture.

Dans l'un et l'autre cas, le pari «optimiste» que le sujet formule implique ainsi une sorte d'obligation morale de faire partager son genre de vie par l'étranger. L'«aide» ainsi apportée est vécue comme généreuse ou rationnelle et le sujet s'offusque si ce caractère gratuit ou raisonnable est mis en doute, notamment par son «bénéficiaire».

Ceci ne signifie évidemment pas que tout est calcul dans cette relation à l'Autre, mais simplement que ce dernier est appelé à devenir semblable au Je. La différence n'est pas niée comme telle : si le jugement porté sur l'Autre reste dévalorisant pour lui, celui-ci est cependant «récupérable» et «amendable» pour autant qu'il perde ce par quoi il diffère du sujet.

L'attitude ethnocidaire est semblable à un système de filtres au travers desquels toutes les particularités de l'étranger sont jugées et jaugées. Ces filtres représentent les propres systèmes de valeurs du sujet qui distinguera ainsi ce qui, à ses yeux, est inacceptable dans le comportement de l'Autre, ce qui semble, au contraire, amendable et améliorable et enfin ce qui, par le biais de la réduction, lui paraît identique et donc récupérable.

L'ethnocide suppose ainsi un début de décentration puisque le sujet se révèle capable de quitter partiellement son point de vue initial et de prendre connaissance, bien qu'imparfaitement et d'une manière fortement déformée, d'autres systèmes de valeurs. La projection apparaît comme moins forte et moins agressive que dans le génocide, elle est accompagnée d'un désir d'identification de l'Autre à soi.

Si les ethnologues ont dû inventer deux termes techniques, le génocide et l'ethnocide, pour désigner deux modalités insatisfaisantes et immatures de la relation à l'Autre, il est révélateur qu'ils n'aient pas éprouvé de besoin conceptuel pour désigner une attitude positive réellement respectueuse de l'Autre.

Sans doute une telle attitude, au moins en tant qu'idéal, a-t-elle existé chez des personnages d'élite au cours de l'histoire[1], sans doute également c'est à un tel regard sur l'Autre que nous convient certains grands textes contemporains tels que la Déclaration Universelle des Droits de l'Homme et les conventions qui en dérivent, sans doute enfin les grandes religions ont-elles engagé leurs adeptes à un respect de l'étranger...

Mais les violences contemporaines, les inégalités qui s'accroissent dans notre monde, le désintérêt pour les cultures ou les langues non monnayables immédiatement, tout cela augure mal de l'avenir et, prises globalement, nos sociétés manifestent peu d'ouverture à l'étranger. L'absence de terme spécifique pour désigner le stade d'une relation harmonieuse à l'Autre est donc hautement significatif.

Sans doute faut-il ranger la grosse majorité de nos concitoyens dans les deux premiers stades du développement de la relation à l'Autre, stade du génocide et stade de l'ethnocide. Pour surprenante que paraisse cette conclusion, elle semble cependant confirmée par le second volet de cet exposé, à savoir les expériences sur la soumission à l'autorité tentées initialement par MILGRAM et poursuivies depuis par ce dernier et par d'autres chercheurs. Rappelons en brièvement l'essentiel.

L'expérience initiale consistait en ceci : dans le cadre d'une prétendue expérience, les sujets testés étaient censés sanctionner par des chocs électriques les erreurs d'un «élève» placé dans une pièce voisine. Ces chocs — fictifs, mais à l'insu des sujets testés — étaient gradués et pouvaient atteindre des seuils présumés dangereux ou même mortels pour les sujets sanctionnés.

Dans la première expérience, l'«élève» était placé dans une autre pièce que le sujet testé et ce dernier n'entendait donc pas les cris de sa victime. Cependant à trois cents volts, l'«élève» tambourinait fortement sur la cloison pour protester. Au-dessus de trois cent et quinze volts toute réaction de l'«élève» cessait.

---

[1] Il nous est très agréable, dans le contexte institutionnel dans lequel se donnent ces conférences [Facultés Universitaires Notre Dame de la Paix à Namur, institution fondée et dirigée par les Jésuites], de rappeler l'attitude de réelle ouverture à l'Autre préconisée et vécue par les Jésuites dans leurs célèbres missions de Chine.

Les résultats sont absolument stupéfiants : «sur les quarante sujets qui ont participé <à cette expérience>, vingt-six ont obéi aux ordres de l'expérimentateur jusqu'à la fin» (MILGRAM. 1974. 51). L'expérience prit fin après que la décharge de quatre cent cinquante volts soit administrée trois fois.

Dans une seconde variante de cette expérience, MILGRAM plaçait la victime dans la même pièce que le sujet testé : il constata que, même ainsi, seize personnes sur quarante n'hésitèrent pas à recourir au niveau maximum des chocs électriques possibles.

Dans une troisième variante, le sujet testé devait, durant l'expérience, réajuster les sangles de la victime afin que le courant passe bien. Malgré ce contact direct avec la victime, douze personnes sur quarante allèrent jusqu'au bout de l'expérience (MILGRAM. 1974. 55 : tableau récapitulatif)[1].

Les résultats différents obtenus d'une variante à l'autre montrent combien la relation à l'Autre est, ainsi que nous l'avons déjà noté, fortement influencée par la plus ou moins grande proximité de celui-ci. La décentration que suppose l'intérêt porté à son semblable et le sentiment d'être impliqué dans l'expérience sont fonction de cette proximité et donc de la plus ou moins grande facilité de comparer, pour le sujet testé, sa situation propre et celle de l'«élève» et par conséquent de tenir compte des plaintes et de la douleur que ce dernier exprime.

Les sujets qui ont accepté de pousser l'expérience jusqu'au bout se divisent en deux groupes dénommés sujets autoritariens et coopérateurs par MILGRAM, ou sujets manifestant une obéissance destructrice et une obéissance coopérative par ANCOMA et PAREYSON dans les expériences faites à Milan à la suite de celles de MILGRAM.

Ces deux groupes, de dimension pratiquement identique, présentent un grand intérêt pour notre propos. Les sujets appartenant au premier de ces groupes, sujets autoritariens ou manifestant une obéissance destructrice, ne parviennent pas, lors de l'entretien qui suit l'expérience, à

---

[1] L'hypothèse que les sujets testés agiraient par sadisme doit être écartée. En effet, quand ceux-ci pouvaient décider en toute liberté de l'intensité des décharges à infliger, 2 seulement sur 40 ont été au-delà des 150 volts, 38 ont refusé d'aller au-delà de 75 volts (première manifestation de douleur de la victime) et 23 n'ont pas accepté de dépasser le seuil des chocs légers (60 volts).
Grâce à d'autres variantes expérimentales, MILGRAM a pu établir que les sujets testés ne suivaient jamais les injonctions de la victime, de même qu'aucun sujet testé n'accepta de suivre les injonctions de qui usurperait l'autorité.
La même expérience fut tentée à nouveau par deux psychologues italiens, ANCOMA et PAREYSON (détails dans JUCQUOIS. 1986. a. 195), également à partir d'un échantillon de quarante personnes recrutées dans le milieu universitaire milanais. Bien que les variables testées aient été partiellement différentes de celles des expériences de MILGRAM, les résultats obtenus confirment largement ces dernières : 85 % des sujets testés acceptèrent d'aller jusqu'aux chocs les plus élevés !

assumer la réalité de ce qu'ils ont vécu et fait subir à la victime. C'est ainsi qu'ils nieront la réalité des chocs électriques qu'ils ont administrés ou qu'ils en atténueront l'effet de douleur.

Ces sujets se réfugient volontiers dans des clichés culturels pour justifier leur attitude (JUCQUOIS. 1986. a. 190, 197). Ainsi, selon eux, la responsabilité réelle serait à rejeter sur la victime qui aurait dû avoir un autre comportement, ou encore ils prétendent avoir eu durant l'expérience un comportement courageux et moral, etc.

L'argument majeur est cependant qu'ils n'ont fait que se soumettre à l'autorité en obéissant aux ordres. Ils dévoilent ainsi un puissant sentiment d'infériorité et une agressivité refoulée. Incapables de se décentrer de leur propre échelle de valeurs, faisant de celle-ci un absolu, la soumission totale à ce qui représente l'autorité est pour ces sujets l'expression de hautes valeurs morales.

Les sujets autoritariens se soumettent d'autant mieux que l'autorité s'exprime de manière claire et qu'aucune contestation ou opposition ne se manifeste durant l'expérience. L'obéissance s'inscrit ainsi dans le contexte d'une société stable aux valeurs sûres exprimées par une hiérarchie manifeste.

Pour ces sujets, la prise en compte de l'Autre n'est possible que si elle n'entre en conflit avec leur échelle de valeurs sur aucun point. La moindre friction ou la moindre divergence sont perçues par eux comme extrêmement menaçantes. En bref, ils présentent les mêmes caractéristiques que les sujets génocidaires et la même incapacité que ces derniers à entrer en relation avec l'Autre. Ils se situent à un stade antérieur à tout dialogue véritable ou à tout échange fructueux.

La seconde catégorie comprend les sujets coopérateurs ou manifestant une obéissance coopérative. Ils obéissent aux injonctions de l'expérimentateur, mais laissent voir une grande tension intérieure, signe d'un conflit moral et de pitié sincère pour la victime.

Il n'est donc pas étonnant qu'ils demandent l'arrêt de l'expérience... tout en continuant pourtant d'obéir, ou qu'ils détournent la tête pour ne plus voir leur victime. Leur ambivalence comportementale témoigne de l'angoisse intérieure face à cette situation : ils souhaiteraient ne pas faire du tort à leur victime et cesser l'expérience, mais, d'autre part, ils n'osent pas enfreindre leur code moral qui inclut l'obéissance.

Ils n'éludent pas leur responsabilité, mais ajoutent que, s'ils ont poursuivi malgré tout l'expérience, c'est parce que l'expérimentateur faisait valoir l'utilité et l'intérêt de ces recherches. La confiance dont ils investissaient l'expérimentateur prenait le pas sur leur sens moral et sur leur désir d'adopter un comportement humain envers la victime. Ces dernières valeurs réapparaissaient dès que l'expérience semblait achevée et elles induisaient, à ce moment, la question de la responsabilité.

En résumé, ces sujets sont encore fortement centrés sur leur échelle de valeurs initiale, parmi lesquelles figure l'obéissance et le respect de l'autorité. Ils ont néanmoins conscience de l'existence et de la valeur d'autres manières de vivre, mais celles-ci passent après les leurs propres. Aussi en cas de conflit entre leurs conceptions et le respect de l'Autre, ce sont leurs conceptions qui prédominent. Leur attitude est semblable à celle des sujets enclins à la pratique de l'ethnocide.

Les sujets de ces deux catégories représentent, selon les expériences, des deux tiers à plus des trois quarts de la totalité des sujets testés se répartissant approximativement en deux groupes de dimensions identiques. A juger de la fréquence des comportements génocidaires et ethnocidaires, et bien que cela n'ait pas ou n'ait pu être vérifié expérimentalement, mais en tenant compte de l'étroit parallélisme des situations, il ne serait guère étonnant que les sujets adoptant ce type d'attitudes envers l'étranger représentent des pourcentages approximativement égaux.

De même que l'attitude mature envers l'étranger n'a pas reçu de dénomination particulière et qu'elle n'a d'ailleurs pas fait l'objet, à notre connaissance, d'études spécifiques, ici aussi l'attitude des sujets agissant de manière libre, tant vis-à-vis de l'expérimentateur que vis-à-vis de la victime, ne fait l'objet que de quelques remarques éparses dans la relation des expériences.

MILGRAM (1974. 110 sq.) relate l'attitude d'une jeune Allemande de trente et un ans qui, après avoir demandé à plusieurs reprises à l'expérimentateur si elle devait poursuivre l'expérience malgré les plaintes de la victime, refusa, calmement mais fermement, de continuer. Au cours de l'interview qui fit suite à l'expérience, elle déclara, et cela correspond aux observations faites par l'expérimentateur, qu'elle n'avait éprouvé ni tension intérieure ni nervosité.

MILGRAM poursuit : «son attitude directe et courtoise pendant le déroulement de l'expérience, son absence de nervosité et son total empire sur elle-même paraissent l'avoir amenée à considérer le refus d'obéissance comme un acte simple et logique» et l'auteur conclut en ces termes : «l'ensemble de ces réactions constitue le type même de comportement que je m'étais attendu à trouver chez presque tous les sujets avant d'entreprendre l'expérience» (1974. 111).

Dans le cas des attitudes ethnocentristes ou dans celui de la soumission à l'autorité, on se trouve en présence de trois catégories de sujets représentant trois degrés de conscience de l'Autre ou encore trois stades d'adhésion aux normes.

Dans la première catégorie, la plus fruste, l'adhésion aux normes du groupe de départ est si forte qu'elle exclut même la relation à l'Autre, puisque cette dernière est aussi affirmation de la possibilité d'existence de normes distinctes. La centration est donc totale sur ses propres valeurs, ces sujets ne peuvent se sentir impliqués par les conséquences de leur attitude.

Leur conscience est hermétiquement verrouillée par cette centration et, du fait de la projection de leur agressivité sur leurs victimes, ce seront ces dernières qui, à leurs yeux, porteront la plus grande part de la responsabilité des actes commis[1]. L'idée même d'une comparaison avec d'autres formes de vie humaines est exclue. Bien entendu, dans les circonstances «normales» de la vie quotidienne, ce type d'attitude n'apparaît pas de manière aussi brutale que dans les situations génocidaires ou expérimentales. Ces attitudes se manifestent pourtant dans certains indices comme on le verra plus loin.

Dans la deuxième catégorie, si l'adhésion aux normes du groupe reste fondamentale, elle n'empêche pas une certaine empathie vis-à-vis de l'étranger ou, dans la cadre expérimental, de la «victime». Le sujet serait disposé à tolérer ces autres manières de vivre, tout en sachant qu'elles sont éventuellement en contradiction, sur certains points du moins, avec ses propres valeurs.

Il y a donc une relative décentration puisque l'existence d'autres normes est acceptée. Néanmoins ces sujets attendent, en contrepartie de la compréhension et de la bonne volonté qu'ils témoignent à l'Autre, que celui-ci abandonne progressivement son système de valeurs, sa culture et sa langue. Le sentiment de responsabilité personnelle est présent dans ce groupe, mais il reste occulté par l'illusion identificatrice de vouloir le bien de l'Autre et par le fait que ce bien s'identifie finalement à la conception que s'en font ces sujets.

Ici aussi, dans les circonstances habituelles, ces attitudes n'ont guère l'occasion de se manifester, en tout cas spectaculairement. Nombre de comportements, éventuellement silencieux ou d'abstention ou de laisser-faire, s'expliquent cependant ainsi. Même s'il y a reconnaissance partielle des valeurs de l'Autre, demeure la conviction profonde que celles-ci sont toutes convertibles et réductibles à celles du sujet. La comparaison devient possible, mais elle reste très pauvre du fait de la faiblesse de la décentration et de l'implication.

Enfin, en un troisième degré de conscience, dont étrangement ni MILGRAM ou ses successeurs, ni les ethnologues ne disent grand chose, le sujet, tout en adhérant encore mais *pour lui-même* aux échelles de

---

[1] Pour atroces qu'ils soient, les récits de tortionnaires ou de responsables nazis mettent bien en évidence ce type d'attitude. Comme le faisait remarquer Hannah ARENDT, dans son ouvrage au titre évocateur *Eichmann à Jérusalem. Rapport sur la banalité du mal*. Paris. 1966, et comme le confirment aussi bien les expériences de MILGRAM et de ses continuateurs que la liste interminable des génocides perpétrés au cours de l'histoire, le recrutement de tortionnaires ou de tueurs, même en grand nombre, ne devrait faire aucune difficulté pour autant qu'il soit fait en harmonie, apparente du moins, avec les échelles de valeurs des sujets recrutés… !

valeurs de son groupe, adopte néanmoins par rapport à celles-ci une position critique et libre. Il accepte fort bien l'existence d'autres échelles de valeurs, souhaite le dialogue avec l'Autre sans pour autant désirer ni modifier ses propres valeurs, ni voir l'Autre modifier les siennes. Le dialogue est vécu comme source d'enrichissement, en lui-même, par l'expérience qu'il donne de l'altérité. Il n'y a donc pour ce sujet aucune valeur absolue, ni en lui, ni chez l'Autre.

3. Les attitudes face au langage.

La question que nous allons nous poser maintenant est la suivante : y a-t-il, dans le langage humain, des processus parallèles à ceux que nous venons de décrire ? A priori, ceux-ci, s'ils existent, devraient se développer selon deux axes : tout d'abord, on pourrait s'attendre à retrouver dans l'apprentissage du langage des stades parallèles à ceux que l'on retrouve à l'âge adulte dans les attitudes envers l'Autre.

Dans cette hypothèse, les comportements adultes rappelleraient ces stades développementaux de l'enfance et garderaient comme en écho les difficultés non dépassées jadis, exactement comme cela se produit dans le cas de la névrose ou de la psychose.

Un premier parallèle qui vient à l'esprit se situe à l'époque de ce qu'on appelle le stade du miroir, qui débute vers l'âge de six mois pour se poursuivre jusqu'à environ dix-huit mois. Ce stade du miroir se décompose en trois phases successives qui ne sont pas sans rappeler, de manière encore très fruste, les trois types de relation à l'Autre.

En effet, en une première étape, «l'image est vue comme l'image d'un autre, inconnu (l'enfant psychotique reste fixé à cette étape, impuissant à reconnaître son 'corps propre'); deuxièmement l'étape de la reconnaissance de l'autre comme image et non comme réel; enfin troisièmement l'étape de la reconnaissance de l'autre comme sa propre image» (KREMER-MARIETTI. 1978. 88).

L'évolution psychologique qui se marque chez l'enfant durant ce stade est remarquable pour le parallélisme possible avec les futurs modes de perception et de relation à l'altérité. Au départ l'enfant ne fait encore aucune distinction entre le moi et le non-moi. C'est le stade que BALDWIN appelait «stade des adualismes» du fait de la non opposition entre dehors-dedans ou pensée-chose. Selon PIAGET (Apud AMIEUX. 1978. 223), à ce stade initial, les impressions vécues par l'enfant ne peuvent être rattachées ni à une conscience personnelle, ni à des objets perçus comme étant extérieurs.

Ce stade ne prend son sens que par rapport à ceux qui le suivront. Pour marquer l'opposition décisive entre cette première étape déve-loppementale et les suivantes, on la qualifie souvent d'étape indifférenciée ou égocentrique. Selon les termes de PIAGET (Ibid.), c'est «dans la mesure où <l'enfant> ignore la subjectivité de son point de vue <qu'>il se croit au centre du monde».

Vers dix-huit mois, l'enfant termine le processus évolutif décrit ci-dessus et appelé stade du miroir. Ayant intériorisé sa propre image, il devient capable de distinguer celle des autres et par conséquent d'entrer en dialogue avec eux.

Dès les premières phases d'apprentissage du langage, s'en manifesteront diverses fonctions dont deux nous paraissent essentielles pour notre propos : la fonction interpersonnelle et la fonction personnelle (BOWER. 1978. 178 sq.).

La première fonction permet à l'enfant d'entrer en interaction avec les autres, en particulier avec la mère et les autres personnes importantes de son entourage; schématiquement, cette fonction oppose le moi et le toi du langage. La fonction personnelle, au contraire, permet à l'enfant, tant vis-à-vis de lui-même qu'envers les tiers, d'affirmer son individuation, sentiments de plaisir, d'intérêt et de participation ou de crainte, de retrait et de dégoût, affirmation aussi bien intériorisée qu'extériorisée et qui se confond alors avec la fonction interpersonnelle que nous venons de définir.

L'opposition entre ces deux fonctions du langage, aux premiers stades de son apprentissage, évoque clairement les deux premiers types d'attitudes envers l'Autre que nous avons décrits. Avec un léger décalage dans le temps, l'enfant découvre et apprend l'usage des marques linguistiques correspondantes à son évolution psycho-sociale.

En effet, alors que, de dix-huit à vingt mois environ, l'enfant se révèle encore incapable de maîtriser l'usage différencié des pronoms personnels et emploie l'un pour l'autre les pronoms de la première et de la seconde personnes (BEHEYDT. 1979. 129 sq.), entre trente et trente-six mois, par contre, l'enfant a acquis l'usage des trois pronoms employant correctement non seulement le *Je* et le *Tu,* mais aussi le pronom de la troisième personne (WALLON. 1980. 277)[1].

Cette acquisition marque le début de ce qu'on appelle la crise des trois ans. L'acquisition du pronom de la troisième personne, pronom qui dans certaines langues est aussi le pronom de l'éloignement, marque sur

---

[1] Sur les théories de l'apprentissage verbal, on consultera les travaux classiques de SNOW et FERGUSON. éd. (1977) et particulièrement la contribution de VAN DER GEEST sur les aspects interactionnels de l'acquisition du langage (89-107, surtout pp. 98-99) et celle de WILLS (271-295) sur la deixis et aussi l'usage des pronoms dans le «baby talk» (275 sq.), enfin le volume édité par BRONCKART, KAIL et al. éd. (1983) dans lequel les articles de KAIL (107-122) sur la coréférence des pronoms et celui de FARIOLI (155-161) sur les phrases pronominales retiendront l'attention.

le plan du langage l'affirmation, parfois génératrice de conflits, du moi[1]. C'est également l'époque de l'acquisition du *non* qui permet à l'enfant de marquer, par cette opposition et cette négation, le champ de sa personne par rapport à celui d'autres personnes. La volonté de s'affirmer se manifeste chez l'enfant de cet âge à la fois par la capacité de marcher et donc de s'éloigner et d'être indépendant, et aussi par le négativisme et l'opposition vigoureuse à autrui (REYMOND-RIVIER. 1987. 796 sq.).

L'enfant passe ainsi d'un stade où il n'y a pas de distinction possible entre l'Autre et lui, à la découverte de l'altérité qui se produit en deux paliers successifs. Tout d'abord, la distinction entre le *Je* et l'autre, proche, est opérée, il y a un début de décentration, mais portant encore sur des objets proches, c'est ce que marque sans doute l'usage confondu du *Je* et du *Tu,* ensuite seulement l'enfant acquiert la notion de l'Autre plus lointain, instance non seulement de la Loi unique et impérieuse, mais éventuellement aussi de l'existence de plusieurs lois concrètes et diverses, avec en corollaire la volonté d'une affirmation plus grande du moi[2].

Le même processus développemental ternaire, qu'on a vu à l'oeuvre dans le stade du miroir, puis dans l'acquisition des pronoms, se retrouve une troisième fois dans les paliers qui se dégagent de l'étude du développement de l'inférence sociale, qui débute vers l'âge de cinq-six ans. Avant cet âge, en effet, si l'enfant peut savoir que les autres peuvent avoir un point de vue personnel, il l'identifie cependant avec son propre point de vue.

Vers cinq ans, l'enfant distingue certaines émotions ressenties par les autres en reconnaissant certains indices de celles-ci. Les autres, décrits en fonction de leur apparence physique et surtout des relations qu'ils entretiennent avec l'enfant, sont censés penser comme l'enfant qui «fonde la plupart de ses inférences sociales sur cette croyance» (CLOUTIER et DELIÈGE. 1981. 421). Ce premier stade de l'inférence sociale correspond globalement au premier mode de l'altérité avec centration exclusive sur le sujet ou son groupe.

Le deuxième niveau de l'inférence sociale apparaît vers l'âge de sept ans. L'enfant réalise alors que l'autre peut penser différemment de lui, mais il n'est pas encore capable d'inférer le contenu des pensées d'autrui, et ses inférences éventuelles sont le plus souvent inexactes. Si la décentration qui commence à s'opérer à ce stade lui permet de considérer

---

[1] L'acquisition du *Je* ne constitue pas un simple épisode linguistique ou grammatical dans le développement de l'enfant. Le fait de l'évitement systématique du *Je* par les enfants autistiques le montre *a contrario* (REYMOND-RIVIER. 1987. 797).

[2] Sur les relations entre interlocuteurs et les interactions qu'elles développent, on consultera notamment FRANCOIS. et al. 1984. 26 sq. et BAUDONNIERE. 1988. 29 sq.

deux points de vue, il le fera cependant d'une façon séquentielle et non simultanée (Ibid.)[1].

En un stade intermédiaire ultérieur qui s'étend de huit à dix ans, l'enfant commence à comprendre que ses propres pensées ou sentiments peuvent être également l'objet de la pensée d'un autre. Il découvre donc l'existence de diverses pensées possibles, dont la sienne, et est capable de se les représenter. C'est sans doute pourquoi il lui devient possible d'évaluer la responsabilité d'un acte en fonction de l'intention de son auteur.

Enfin, à partir de douze ans environ et jusqu'à la fin de l'adolescence, l'enfant «étend sa représentation sociale jusqu'à pouvoir considérer parallèlement son propre point de vue, celui d'une autre personne, la relation entre les deux et leur distance mutuelle, comme le ferait un observateur de l'extérieur» (CLOUTIER-DELIEGE. 1981. 422).

C'est aussi l'époque où l'explication des pensées et des sentiments constatés chez autrui devient possible. La décentration est devenue suffisante pour qu'elle s'accompagne d'un relativisme social. Celui-ci permet la description d'un autre en nuançant les qualités et les défauts supposés de cette personne[2].

---

[1] L'exemple donné par CLOUTIER-DELIEGE (Loc. cit.) illustre bien les limites de cette décentration. L'enfant, à ce stade, ne peut comprendre la situation suivante : «Lucie est déçue parce que France ne vient pas jouer avec elle. France perçoit la déception de son amie mais ne peut rien y faire puisqu'elle est malade».

[2] Cette description par paliers varie éventuellement d'un auteur à l'autre notamment sur l'âge d'accession aux différents stades, mais aussi sur les méthodes utilisées pour mettre en évidence ces étapes successives. Ce qui se retrouve pourtant chez tous les auteurs, c'est la succession de ces phases et les principales caractéristiques de chacune d'elles.
L'expérience de FLAVELL, réalisée en 1968, met bien en lumière l'évolution de l'inférence sociale chez l'enfant. Nous la rapportons d'après CLOUTIER-DELIEGE (1981. 422) : «on demande à l'enfant de prédire laquelle de deux tasses un adversaire choisira afin d'obtenir l'argent qui s'y trouve et de justifier son choix. Une des tasses contient cinq sous et l'autre dix. A un premier niveau de développement, l'enfant ne comprend pas la consigne ou ne peut donner de raison justifiant son choix. A un second stade, l'enfant croit que son adversaire choisit uniquement en fonction du gain financier, de sorte qu'il désigne systématiquement la tasse de dix sous. Puis, à un troisième niveau, l'enfant se rend compte que l'adversaire peut prédire ce que lui-même pense. Il choisit alors la tasse de cinq sous. Pour la première fois, le sujet prend conscience que ses propres pensées peuvent être l'objet de la pensée d'autrui. Enfin, un quatrième niveau apparaît où le sujet, sachant que son adversaire peut inférer ses propres pensées, tente de déjouer ces inférences en choisissant la tasse de dix sous, puis en faisant varier son choix en fonction des choix précédents».
On constatera que nous avons, dans notre exposé, fusionné les deuxième et troisième stades. Nous pensons, en effet, que, du point de vue qui est le nôtre ici, ces deux stades sont à rapprocher du fait que l'enfant ne laisse, dans son esprit, aucune liberté à son adversaire auquel il attribue successivement et massivement un comportement guidé par l'intérêt tout d'abord et ensuite par un calcul simple et mécanique. Il découvrira, dans la dernière phase, qu'il est en quelque sorte impossible de prévoir à coup sûr le comportement d'autrui, ce qui n'est somme toute que le reflet de la liberté de l'Autre, écho et annonce de la sienne propre.

Ainsi, tout se passe comme si au cours de son développement, l'enfant et puis l'adolescent repassaient, à trois reprises, par trois phases correspondant structurellement aux trois degrés décrits dans la relation à l'Autre. A chaque fois, le sujet progresse d'une phase de départ que l'on peut qualifier d'indifférenciation à l'Autre, puis par une seconde phase où l'Autre est distingué de soi, mais pourtant réduit à soi, et enfin par une troisième phase où le sujet conçoit réellement l'altérité.

A l'âge adulte, le sujet reproduira une nouvelle fois ces diverses attitudes reflétant, ainsi qu'on l'a longuement exposé à travers les attitudes envers l'étranger comme à travers sa manière d'obéir, dans son comportement envers l'Autre, le degré de son évolution personnelle. Nous pensons que ces trois degrés d'évolution constatés se manifestent encore dans la manière de considérer les langues étrangères et donc de se comporter en regard du processus de traduction.

En correspondance au premier stade développemental, celui que nous avons mis en parallèle avec l'attitude génocidaire ou celle des sujets autoritariens, la question de la langue de l'Autre ne se pose évidemment pas. C'est, au sens strict et littéral, la phase où l'Autre est censé ne pas parler, ou, de manière moins simpliste, le stade où son discours n'est pas perçu comme digne d'intérêt et producteur de sens. Stade du rejet pur et simple, lequel peut s'accompagner de mépris ou de comportements hostiles et agressifs, mais qui se marque le plus souvent par la simple ignorance de l'Autre qui, s'il veut avoir accès au sujet, est donc condamné à parler la langue de ce dernier.

A un stade plus évolué, le sujet entrevoit l'intérêt éventuel du discours de l'Autre ou, plus trivialement, éprouve simplement la nécessité d'en comprendre les propos. Ce stade instaure la traduction. Mais comme l'Autre, dans cette perspective, n'a d'existence et de singularité que dans la mesure où il est identifiable et réductible au sujet, la traduction reflétera cette situation par ses traits ethnocentriques et réducteurs. La traduction ne peut être, dans ces conditions, que «ce qu'elle est le plus souvent... logique de l'identité <et>... effacement de l'altérité» (MESCHONNIC. 1984. 2322).

Dans cette optique, qui est celle dans laquelle se situe l'immense majorité des traductions intervenues au cours de l'histoire, l'Etranger ou l'Autre est fondamentalement dévalorisé, il est perçu «comme négatif ou tout juste bon à être annexé, adapté, pour accroître la richesse de <la> culture <du sujet>» (BERMAN. 1984. 110).

Ces deux premières attitudes face à l'Autre et à son langage se marquent particulièrement dans les positions du pouvoir — politique, religieux, universitaire ou autre — face à la nécessité de traduire ou non et face aussi à la manière dont cette traduction doit être faite. Un exemple tragique en est celui du réformateur gallois William TYNDALE (1494-1536).

Souhaitant traduire la Bible en anglais en s'inspirant non seulement de la Vulgate, mais aussi de la traduction allemande de LUTHER et des éditions grecque et latine commentées par ERASME, il doit quitter l'Angleterre et s'installe en Allemagne. Quelques années plus tard, pensant qu'Henri VIII n'éprouvait plus envers lui d'hostilité du fait de son entreprise de traduction, il se risque à Anvers où il est trahi et livré à la police impériale. Conduit au château de Vilvorde, il y est condamné, l'année suivante, à être pendu et brûlé.

L'histoire de ce martyr de la traduction ne s'arrête pas là. Quelques années plus tard, lorsqu'Henri VIII eût rompu avec Rome et instauré l'Eglise anglicane, son point de vue s'inversa et il voulut, dès lors, ne plus recourir qu'à une traduction anglaise du texte sacré. Ce fut la version de TYNDALE qui fut adoptée, version qu'avait entre-temps achevée le moine augustin Miles COVERDALE (VAN HOOF. 1986. 34).

Il est rare, et d'ailleurs particulièrement difficile sinon impossible, qu'une traduction atteigne le troisième stade d'évolution de la relation à l'Autre. Cette difficulté, voire cette impossibilité, découle non seulement de la tâche qui consiste à rendre non seulement le texte, et aussi les effets produits à sa lecture, compte tenu de la culture de départ, mais aussi, bien entendu, de celle du destinataire (PICHOIS et ROUSSEAU. 1967. 162 sq.).

Ce travail supposé achevé, le texte qui en résulte, commence à vieillir — de même d'ailleurs que le texte de départ — et devra, après un certain temps, soit donner lieu à une nouvelle traduction qui tienne compte de l'évolution survenue entre-temps dans les mentalités, soit au moins à un commentaire d'accompagnement de la traduction initiale. Ces difficultés marquent aussi les limites inhérentes à toute approche réellement respectueuse de l'Autre.

4. Conclusion.

La problématique de la traduction nous permettra de conclure cette conférence sur les modalités de relation à l'Autre. Le traducteur se trouve en effet dans la même situation par rapport à l'Autre que le sujet des exemples que nous avons pris. Nous n'insisterons plus sur la fermeture radicale à l'Autre, attitude dans laquelle la traduction est d'ailleurs évidemment exclue.

Nous n'insisterons guère sur le second degré de ces modalités, celui de l'attitude réductrice ou ethnocidaire. Ajoutons simplement que celle-ci se manifeste et se mesure d'autant mieux que le message est davantage inséré dans une contingence ou encore que l'Autre se révèle différent de soi. En effet, l'acceptation plénière de l'Autre dépend non seulement de la plasticité du sujet, mais aussi de la spécificité de cet Autre et de l'écart par rapport au sujet (LAKATOS. 1984. 155).

Ainsi, le message le plus simple à traduire serait le message mathématique dans deux langues aux cultures fort proches, le message plus délicat serait un texte poétique à rendre dans des langues issues de cultures fort éloignées l'une de l'autre. En soi, la traduction, surtout institutionnalisée, s'inscrit presque toujours dans une volonté réductionniste. En effet, en tant que visée théorique et pratique, la traduction repose essentiellement sur l'hypothèse ou sur la volonté de retrouver chez tous les peuples les invariants qui la fondent (QUINE. 1977. 58 sq.). Cette même pensée fonctionne aussi en tant que présupposé dans les théories à vocation universelle, dans la mesure où cette vocation s'accompagne de la volonté d'en vérifier, ou plutôt d'en maîtriser le contenu et les inférences.

Par contre, au troisième niveau de relation à l'Autre, le dialogue ne peut que rester inachevé ou en souffrance. C'est cette souffrance aussi qui caractérise le véritable traducteur, inéluctablement pris dans le dilemme d'une ouverture à l'Autre dans laquelle il risque de se perdre ou d'une fermeture qui dénie son entreprise.

Ce déchirement perpétuel, qui est le lot du traducteur, entre le Je et l'Autre rend son sort injuste. En effet, «plus son intimité est profonde avec la langue étrangère, plus il demeure en elle, et moins il se sent les moyens de refranchir la frontière» (PONTALIS. 1984. 72). Qui ne voit le rapprochement évident avec cette ultime limite de la communication humaine où la compréhension de l'Autre est telle qu'elle engendre le silence sinon la contemplation méditative ?

Dans toute traduction règne, lorsqu'on atteint de telles profondeurs dans le dialogue avec l'Autre, une sorte d'indétermination, selon les termes de QUINE (Apud STEINER. 1978. 275). Pour dépasser cette limite, il faudrait pouvoir atteindre à une traduction totale et à une convertibilité totale d'un être humain dans un autre, ce qui exigerait d'être «de plain-pied avec sa conscience» (STEINER. Loc. cit.).

Est-ce à une vision désespérée que nous condamnent, dès lors, l'étude des modalités de relation à l'Autre et celle d'une typologie de la traduction ? Non, car, à la souffrance et au déchirement qu'apporte sans doute un tel degré de conscience de l'Autre, correspond également une augmentation du champ de notre conscience (MAC LUHAN. 1968. 80) et de nos moyens d'expression, c'est-à-dire de nos facultés d'existence, d'épanouissement et de liberté.

6. USAGES DU LANGAGE ET INSTITUTIONS DÉMOCRATIQUES

Résumé : Depuis le conflit entre les Sophistes et PLATON et le triomphe de ce dernier, l'Occident a dissocié la réflexion sur les fonctions philosophiques du langage de celle sur ses fonctions politiques. Idées et altérité, la croyance aux mots davantage qu'aux êtres constitue le corollaire de cette dissociation. Le combat démocratique, à travers toute l'histoire occidentale, est une lutte en faveur du pluralisme langagier. Les conceptions du langage que suppose la démocratie s'opposent ainsi, jusque dans la théorétisation, à des conceptions moins dialogiques dont la langue de bois reste l'illustration la plus achevée.

Plan :

1. Introduction : Les fonctions philosophiques et les fonctions politiques du langage : un combat qui remonte à l'Antiquité.

2. Les mots et les êtres : Idées et altérité. Histoire de cette dissociation, histoire de la liberté de pensée et de parole.

3. Le combat démocratique : Histoire et avenir de la démocratie. Pluralisme langagier, tentation totalitaire, tentation unilinguiste.

4. Conclusion : Théories du langage et procédés de théorétisation. Démocratie et dialogue. Soliloque et langue de bois.

*　*　　*

*

1. Introduction.

Une des questions fondamentales de la pensée politique occidentale, et cela dès ses débuts, a été de savoir d'où provenait la cohérence qui transformait une addition d'individus en une société humaine. Selon les uns, de tendance idéaliste, il y aurait à la base de la société un consensus permettant de dépasser les conflits inévitables, selon les autres, au contraire, de tendance réaliste, «toute société repose sur des relations de domination à sujétion et, par conséquent, l'ordre social découle de la contrainte» (BURDEAU. 1980. 50).

Ce n'est pas le lieu de trancher entre ces deux interprétations, pour autant d'ailleurs que cela soit possible. Nous avons cependant cité ces deux hypothèses, qui surgissent immanquablement chez tous ceux qui tentent d'expliquer la cohérence sociale et la relative adhésion aux normes de la Cité, et nous y reviendrons plus loin, parce que, pensons-nous, dans ces deux hypothèses, la cohérence repose finalement sur une certaine utilisation du langage à laquelle nous consacrerons cette conférence.

Une analyse du phénomène politique aboutit toujours à mettre en évidence les efforts que toute société fait pour «voiler, embellir ou justifier des situations ou des relations qui, examinées dans leur réalité objective, pourraient apparaître, d'un point de vue purement rationnel, sujettes à caution» (BURDEAU. 1980. 162).

Il y a donc, et ceci est une constante de toute vie politique, une activité du psychisme collectif qui dresse un écran devant la réalité et qui parvient ainsi à construire un univers mythique et imaginaire, qui transmute en quelque sorte le monde réel. L'adhésion à cet univers est plus ou moins générale dans la population, elle varie également en intensité d'un individu à un autre. L'écart entre le monde réel et cet univers imaginaire et mythique diffère bien entendu d'une société à une autre.

Il faut se demander, dans ces conditions, d'où provient cette force qui permet de dépasser la réalité et d'atteindre à une cohérence à base d'imaginaire et de mythe. Elle paraît bien provenir des conditions d'accomplissement de la fonction politique.

Cette fonction, qui est vitale pour le groupe, puisqu'il cesserait d'exister sans elle, résulte d'une connivence à trois niveaux : tout d'abord une connivence entre les simples citoyens pour adhérer aux messages politiques, ensuite une connivence de la classe politique afin de formuler des messages adéquats, enfin une connivence entre les citoyens et la classe politique afin d'interpréter ces messages d'une manière relativement univoque. Les messages politiques seront, quant à eux, susceptibles d'être rapportés à la réalité tout en continuant à évoquer des visées et des objectifs motivants pour le groupe.

Ces connivences et ces interprétations se situent essentiellement au niveau du langage, dont on mesure dès lors toute l'importance dans la vie politique. Il en est d'autant plus ainsi qu'au plan politique le décalage, voire la contradiction, entre la réalité et le discours doit être, au moins partiellement, masqué.

Dans le domaine politique, en effet, «la fonction couvre tout», ce qui explique que «le mensonge y est institutionnalisé» (BURDEAU. 1980.

167)[1]. Cela résulte du fait de la sacralisation de la fonction politique, qui vise à en présenter l'exercice comme pur et désintéressé.

Le langage est ainsi l'instrument privilégié de la politique, tout comme il l'est de la philosophie. C'est le lien entre les deux que vise la critique de l'idéologie, car c'est ce lien qui est, ou du moins qui tend à être, constamment masqué.

Les Sophistes de l'Antiquité s'en sont les premiers aperçus. Dans leur critique universelle, ils n'ont, semble-t-il, épargné que le discours. Conscients de la toute-puissance du langage, les Sophistes ignorent pourtant, selon AUBENQUE (1972. 98), la «fonction d'expression ou de transmission» du langage «pour ne retenir que sa fonction de persuasion».

Dans la tradition philosophique occidentale, tradition dont l'époque contemporaine paraît progressivement s'écarter, «l'objet du discours importe moins que son action sur l'interlocuteur ou sur l'auditoire» (Ibid.). Certes, comment interpréter autrement des textes tels que l'*Eloge d'Hélène* que nous laissa GORGIAS ? Reconnaissons de même que certains Sophistes, tel ANTISTHENE, tireront les conséquences extrêmes de cette manière de percevoir le langage[2].

Mais la tradition occidentale ne commet-elle pas une erreur en reprochant simultanément aux Sophistes le pouvoir de persuasion qu'on leur attribue, pouvoir qui présuppose et la possibilité d'un point de vue discordant et celle d'un rapprochement et d'une identité de ces points de vue ?

On reproche aux Sophistes de s'intéresser moins à ce que dit le discours qu'à la manière dont il est dit, ou, selon les termes d'AUBENQUE

---

1 A propos du mensonge et de la tromperie en politique et de la dimension aussi politique de tout discours, il est un passage de la *République* (Livre V, cité d'après l'édit. de J.L. Ferrier, Paris. 1983, p.157) de PLATON qui mérite d'être repris. Après avoir proposé que la reproduction du groupe soit assurée par les meilleurs sujets de l'un et de l'autre sexe, tandis que les sujets inférieurs seraient tenus à l'écart de cette procréation et que leurs enfants éventuels seraient même supprimés, mesure qui serait ordonnée dans le secret par les magistrats, PLATON suggère que ces accouplements soient faits selon un tirage au sort effectué encore par ces mêmes magistrats de la Cité. Toutefois, pour que ces tirages au sort n'entraînent pas la naissance d'un nombre d'enfants de qualité «inférieure» en proportion du pourcentage de sujets inférieurs dans la Cité, PLATON imagine de truquer le tirage au sort : «Il faudra, écrit-il, organiser d'ingénieux tirages au sort, afin que les sujets inférieurs rejettent la responsabilité de chaque union sur la fortune, et non sur les magistrats».

2 C'est ainsi que, selon ANTISTHENE, il n'est pas possible de contredire ou d'énoncer des propositions contradictoires sur le même sujet. En effet, «si deux interlocuteurs *parlent* de la même chose, ils ne peuvent que *dire* la même chose; et s'ils disent des choses différentes, c'est qu'ils ne parlent pas de la même chose» (AUBENQUE. 1972. 100). Des raisonnements identiques conduisent à démontrer qu'il est impossible de mentir ou de se tromper, etc.

(1972. 98), de se centrer davantage sur le «parler à» que sur le «parler de». Sans doute, l'argumentation des Sophistes est-elle *ad hominem*, sans doute également leur discours vise-t-il à l'efficacité...

Mais est-ce suffisant pour opposer à leurs propos, qui ne seraient qu'utilitaires, ceux des philosophes, qui viseraient la connaissance du vrai ? Retournons à leur point de départ : pour eux, «le discours est à l'âme ce que le *pharmakon*, la drogue, remède / poison, est au corps», c'est-à-dire qu'«il induit un changement d'état, pour le meilleur et pour le pire» (CASSIN. 1986. 10).

«Parler à» plutôt que «parler de», mais n'est-ce pas précisément la fonction du langage politique ? Si c'était le cas, prétendre faire du langage une entité à part destinée à «parler de», n'est-ce pas prétendre attribuer au langage le pouvoir d'atteindre une vérité désincarnée ? Faire de la philosophie serait donc renoncer à faire de la politique ? Si tel était le cas, comment ne pas voir combien une telle affirmation est chargée idéologiquement, comment ne pas voir non plus que ses partisans tentent d'éluder cette accusation en la retournant contre leurs adversaires ?

N'est-ce pas l'illusion du discours platonicien que de prétendre à cette pureté d'intention et à ce désintérêt dont se pare nécessairement, on l'a vu en débutant, tout discours politique ? Supposons, comme le prétendent les politologues, qu'il faille choisir entre la persuasion ou la coercition, on voit que ce choix recoupe l'opposition entre les Sophistes et PLATON.

Il n'y a donc pas deux discours qui s'opposent dont l'un serait désintéressé et viserait à la connaissance de la vérité et dont l'autre, changeant et multiforme, n'atteindrait qu'à l'efficacité et au mensonge, il n'y a pas un discours philosophique s'opposant à un discours politique. Tout discours a aussi une dimension politique, sinon comment expliquer tout au long de l'histoire l'étonnante convergence entre, par exemple, l'idéalisme platonicien et certaines conceptions de la Cité ?

PLATON affirmait que «la mesure de toutes choses, c'est l'Etre à beaucoup plus juste titre que le premier homme venu» (Cité par ELTHEN. 1978. 38). Il s'opposait ainsi aux Sophistes, et notamment à PROTAGORAS, qui prétendait que l'homme trouve en lui-même et sa mesure et sa justification.

Pour connaître la mesure de l'Etre, l'homme ne doit pas s'adapter à des normes culturelles, mais bien se convertir radicalement à la loi de l'Etre. On comprend comment le discours prétendument philosophique de PLATON débouche sur la contrainte et la coercition politiques, comment aussi il devait non seulement entourer de mépris, mais même exécrer un discours persuasif qui, à y bien regarder, n'était pourtant qu'une manière de réduire l'impact de l'idéologie dans la Cité[1].

Le langage ayant nécessairement aussi une dimension politique, la question n'est donc pas de la camoufler pour ensuite la nier, mais bien de l'aborder de front dans tous ses aspects. L'opposition entre des fonctions prétendument philosophiques du langage et des fonctions politiques n'est bien qu'un pseudo-conflit. Le véritable conflit est bien plutôt entre ceux qui affirment cette opposition et ceux qui la nient.

Il est dès lors naturel que ce conflit ait vu le jour dès l'Antiquité, plus précisément dès le moment où certains ont prétendu parler, au nom de tous, de la transcendance et de ses implications pour la Cité. Contrairement à ce qu'on affirme souvent, les Sophistes ne rejetaient pas la transcendance, mais ils entendaient poser la question de ses rapports avec l'autoréférence, individuelle et sociale (BAREL. 1987. 136, 193).

L'époque contemporaine redécouvre la véritable nature de ce débat inauguré par les Sophistes et par PLATON. Pourtant, «on persiste très largement à voir dans la sophistique une étape, une transition, un premier 'siècle des Lumières' préparant la venue de la 'vraie' philosophie et de la 'vraie' pensée politique : SOCRATE, PLATON, ARISTOTE et le reste» (BAREL. 1987. 136).

Ils représentent pourtant un tournant décisif dans l'histoire du monde occidental, bien davantage que les philosophes contemporains dont l'histoire a principalement et pieusement gardé la trace. La raison n'en est sans doute pas, comme le pense BAREL (Loc. cit.), que les Sophistes «ont eu le malheur d'être des 'présocratiques'», étiquette d'ailleurs bien postérieure à leur époque. C'est, comme le reconnaît cet auteur, par rapport à la sophistique que tous les penseurs de la fin du Vème et largement du IVème siècle se situent, alors que paradoxalement la tradition s'est arrangée pour ne conserver des Sophistes que des bribes de pensée...

Dans le débat entre SOCRATE et PROTAGORAS, le premier prétend s'en tenir à une soi-disant rigueur épistémologique lui permettant d'atteindre, pense-t-il, au transcendantal, le second refuse de se laisser entraîner sur ce terrain d'où la réalité sociale et politique ne peut qu'être bannie (BAREL. 1987. 144).

---

[1] En effet, si tous les citoyens apprennent à user des propriétés du discours, la persuasion des uns sera sans effet sur les autres qui auront également appris à décoder des discours éventuellement trompeurs. Le risque d'aliénation politique est évidemment moins grand dans cette hypothèse que dans celle d'une Cité où les citoyens seraient censés se convertir, globalement et une fois pour toutes, à une vérité à la mesure de l'Etre, puisque cette vérité sera nécessairement dite dans les mots et par la bouche d'un «porte-parole» de l'Etre...

Qu'on prenne bien garde, en terminant cette introduction, à la véritable inversion des signes qu'accomplit PLATON. Il refuse, et la tradition occidentale est quasi unanime à sa suite, la qualité de philosophes aux Sophistes et prétend même que, sur le plan politique, leur discours n'est pas adéquat. Comprenons donc que, selon lui, et ici aussi la tradition occidentale le suit, seul son discours serait désintéressé et pur, que seuls ses propos seraient à la mesure de l'Etre et atteindraient à la Vérité[1].

Un tel discours se prétend évidemment philosophique, pourtant, ce qui l'a toujours sous-tendu, c'est la façon de convaincre ou, à défaut, de contraindre les autres citoyens à partager ses vues. Pour atteindre la cité idéale, PLATON envisage successivement deux solutions : tout d'abord, estime-t-il, un prince-philosophe ou un philosophe-prince pourrait concentrer en sa personne la puissance politique et la sagesse, empêchant par son action les agissements de ceux qui aujourd'hui poursuivent, dans le Cité, des objectifs opposés[2].

La seconde solution, celle à laquelle PLATON semble se rallier, est celle de la contrainte, de la propagande et du mensonge. La contrainte tout d'abord, puisque dans cette Cité les lois décideraient de tout ou presque. De la propagande ensuite, si un discours séducteur permet de prendre le relais ou au moins d'appuyer la contrainte. Du mensonge enfin, car les citoyens ne seront informés que de ce que l'instance politique estime devoir leur dire ou même seront trompés puisque certains auraient le droit de contourner les lois pour le bien de l'Etat[3].

Voilà comment PLATON souhaite voir diriger la Cité idéale qu'il imagine et qu'il essaye d'ailleurs de mettre en pratique. Si on songe que,

---

[1] Cf. ci-dessus p. 85. n. (1) pour comprendre la vérité à deux étages que propose PLATON... N'oublions pas non plus que «PLATON n'est venu à la philosophie et n'y est resté que par la politique et pour la politique» (DIES. Auguste, Introduction à l'édition et à la traduction de *La République* par Emile CHAMBRY, Paris. 1983. p.5).

[2] *La République,* livre V, 473 d.e.— On a beaucoup épilogué sur la proposition de PLATON de mettre les femmes en commun. MARX estimait même «que cette idée de la communauté des femmes constitue le secret révélé de ce communisme <de PLATON> encore très grossier et irréfléchi» (Cité par ELLEINSTEIN. et al. 1984. 34). Ne faut-il pas voir tout simplement dans cette proposition une manière détournée d'esquiver la question aussi politique du mariage et du couple, tout en laissant les individus solitaires devant l'Etat auquel ils seraient dès lors encore davantage soumis... ? L'exemple contemporain du stalinisme et du nazisme enjoignant aux enfants de dénoncer leurs parents au parti n'illustre-t-il pas combien la cellule familiale, et particulièrement la bonne entente entre les conjoints, constitue un lieu de repli privilégié pour l'individu aux prises avec un Etat envahissant.

[3] Un exemple de mensonge est donné en n. (1), p. 85. Un autre exemple de mensonge et aussi de propagande est donné lorsque PLATON, ayant fixé le nombre de lots de terre à 5040 — et cela pour des raisons appartenant à la mystique du nombre —, il envisage ensuite ce qu'il y aurait lieu de faire si ce chiffre idéal était dépassé. Dans ce cas, il faudrait «envoyer dans une colonie, avec des témoignages réciproques d'amitié, ceux dont il paraîtra bon de se défaire» (*Les Lois*, livre V, cité d'après ELLEINSTEIN. et al. 1984. 34).

depuis l'Antiquité, le platonisme a été perçu, enseigné et transmis essentiellement comme une philosophie, alors que de son vivant PLATON lutta sur tous les plans «contre la démocratie et en faveur des oligarques» (ELLEINSTEIN. et al. 1984. 35) et qu'ensuite toute une tradition conforta cette action politique tout en prétendant n'être qu'un discours sur le Bien et le Vrai, on mesure l'étendue de la mystification qu'introduisit, jusqu'à nos jours, la fallacieuse distinction entre les fonctions philosophiques du langage et ses fonctions politiques [1].

2. Les mots et les êtres.

Du constant voilement par le langage de la réalité du politique, on déduit toute l'importance du mythe dans la dynamique politique. Dans ce domaine, la rationalité n'est que rarement présente d'emblée et ne survient le plus souvent qu'après coup. Bien plus, l'irrationnel s'y révèle davantage en tant que principe actif que le rationnel.

L'affabulation politique prend aisément certaines expressions telles que le mythe de la Cité idéale qui revient sous diverses formes depuis l'Antiquité. Il ne s'agit pas là d'une simple protestation contre la réalité. Si ce mythe propose «l'image d'un monde affranchi du poids de la réalité», c'est que «la Cité idéale est le produit de la pensée politique à l'état pur, c'est-à-dire trouvant toute sa liberté dans le domaine de l'utopie» (BURDEAU. 1980. 157).

Décalage donc entre le discours sur la réalité et cette réalité, décalage aussi entre le discours sur les personnes et la réalité de ces personnes, décalage fonctionnant de la même manière que la tension et la complémentarité entre le conscient et l'inconscient.

Si la recommandation que faisait DUMEZIL (Apud BURDEAU. Op. cit. 160) de ne pas «confondre les représentations qu'une société se fait de ses propres mécanismes et le fonctionnement réel de ces mécanismes» vaut absolument pour le passé de l'historien ou l'ailleurs de l'anthropologue, il est de la nature même du fonctionnement politique de ne pas permettre immédiatement cette lucidité. Ceux qui y parviennent — ils sont rares ! — doivent accepter une sorte de mort sociale. Les autres

---

[1] L'histoire de l'enseignement universitaire, avec son découpage entres disciplines et l'appréciation sociale de celles-ci, peut illustrer comment la fonction apparemment de pure réflexion gratuite sur l'Etre, que revendiquait la philosophie héritée de l'Antiquité, recouvrait en réalité des positions politiques de pouvoir. L'évolution des sciences de l'homme, depuis la Renaissance, évoque un double mouvement : d'une part, la démystification de cette prétendue gratuité, avec en corollaire une perte constante de l'importance sociale et politique *réelle* attribuée auparavant à ces mêmes disciplines, d'autre part, le déplacement de cette importance sur de nouvelles disciplines, soit-disant plus scientifiques, mais qui en réalité ont pris le relais de la mystification antérieure. D'où, par exemple, un glissement de la théologie et de la philosophie, vers la littérature et l'histoire, puis vers la sociologie et la psychologie et enfin vers l'économie.

— presque tout le monde — acceptent et jouent plus ou moins bien les «rôles» impartis par la société.

C'est à partir de mots que se construit l'univers politique. Mais ceux-ci renvoient simultanément à la visée du groupe et à la réalité, ou plutôt les deux univers sémantiques se rattachent l'un à l'autre à la manière des points de capiton dont parlait LACAN à propos de la relation entre le conscient et l'inconscient.

Le discours politique est une véritable affabulation portant non seulement sur l'explication de ce qui paraît incompréhensible au regard des citoyens, mais principalement sur l'acceptation par ces derniers de l'obéissance aux règles du groupe. Pour que le même discours puisse remplir simultanément ces deux fonctions il doit acquérir une dimension sinon prophétique, du moins énigmatique. C'est cette dimension qui permet de combler, toujours partiellement et toujours provisoirement, ce que LEVI-STRAUSS appelle le «déficit de signification», d'où le supplément de sens que l'homme tend toujours à apporter à un univers qui ne signifie jamais assez.

Cette dimension prophétique ou énigmatique est donc le fondement de l'affabulation du groupe. Si la dimension mythique et utopique n'est jamais complètement absente, ce qui distinguera un discours politique d'un autre, c'est l'écart entre celle-ci et la dimension de réalité, c'est également et peut-être surtout l'ampleur des sacrifices et des renoncements, l'importance de la perte de liberté, que la dimension prophétique et énigmatique impose aux citoyens dans l'ordre de la réalité.

Reprenons cette dimension mythique chez PROTAGORAS et chez PLATON. On opposera aisément ces deux penseurs sur ce plan, le premier affirmait que l'homme était la mesure de toutes choses, le second, reprenant la formule, prétendait que c'était le dieu qui était la mesure de toutes choses (Cité par ROMEYER-DHERBEY. 1985. 15).

Si cette affirmation avait été faite sur le plan personnel et non comme un des fondements essentiels d'une anthropologie politique, il n'y aurait rien à ajouter. Mais, on l'a vu, cette affirmation située sur le plan du supplément de sens est aussi ce qui doit fonder l'assentiment et l'obéissance du groupe, à ce titre ce qui est affirmé du dieu se répercute massivement sur la vie réelle du citoyen.

On a prétendu, sur la base de ce que PLATON nous a conservé et sur celle des quelques fragments hérités par la tradition, que PROTAGORAS aurait été sinon athée, du moins agnostique. On a supposé que l'agnosticisme de PROTAGORAS serait «peut-être... la résultante, le point neutre entre les deux discours opposés qui, au sujet des dieux, s'affrontent, celui de la croyance et celui de l'incroyance» (Ibid.).

N'est-ce pas plus simple de dire que PROTAGORAS se situait en dehors de ce conflit entre la croyance et l'incroyance, parce que, pour lui, ces discours visaient le monde de l'invisible et du caché, monde qui nous reste toujours partiellement inaccessible et surtout qui demeure ineffable ? Il adopte d'ailleurs une attitude semblable au sujet de l'au-delà, en soulignant «notre totale impuissance à connaître avec certitude ce qu'il advient de l'homme» après sa mort (ROMEYER-DHERBEY. 1985. 16).

Sans doute est-ce aller trop loin que de déclarer à propos des Sophistes, comme le fait AUBENQUE (1972. 104), que leurs thèses «reposent sur un principe commun, qui est l'adhérence totale du mot et de l'être», ou plutôt est-ce faire la part trop belle à PLATON qui prétend rapporter leurs propos.

La dissociation platonicienne des mots et de l'Etre sera pourtant abandonnée par ARISTOTE qui y substituera la distinction entre l'essence et l'accident dans sa critique des Sophistes (IDEM. 137). C'est cette distinction qui lui permettra ensuite d'affirmer qu'il n'y a pas de science possible de l'accident.

Conception qui, appliquée au domaine du politique, se révèle moins dévoreuse de liberté que ne l'était celle de PLATON. Conception à mi-chemin entre celle de ce dernier et celle des Sophistes. Prenons un exemple cité par ARISTOTE lui-même. Selon ce dernier, la science de l'architecte «ne s'occupe nullement de ce qui arrivera à ceux qui se serviront de la maison, par exemple, de savoir s'ils y mèneront ou non une vie pénible».

D'après le commentaire d'AUBENQUE (Op. cit. 139), «il n'y a pas là désintérêt de la part de l'architecte, mais, par rapport à l'essence de la maison, le mode de vie possible de ses habitants n'a aucune réalité tant qu'une prédication pour l'instant imprévisible, n'établira pas un lien extrinsèque entre cet accident et l'essence de la maison».

Texte et commentaire appellent deux remarques : tout d'abord, et il ne s'agit pas là d'un détail, sans doute est-ce là une conception de l'architecture, mais ne peut-on légitimement lui opposer celle d'après laquelle la vie des habitants de cette maison sera aisée et agréable ou, au contraire, pénible et désagréable *notamment* par un éventuel supplément de sens que l'architecte aura été capable d'ajouter aux contraintes imposées par le choix des matériaux disponibles ou par la nature du terrain et du climat. Cette remarque ne doit certainement pas être étrangère aux préoccupations contemporaines sur cette question.

La seconde remarque, c'est oublier combien l'instance du discours est contingente et que ce qui est de l'ordre du prédicatif dans telle culture et à tel moment ne le sera pas ou plus ailleurs ou dans un autre temps. De plus, c'est attribuer au mots du discours un contenu de réalité qu'ils n'ont pas puisqu'ils désignent ou qu'ils évoquent seulement cette réalité. En d'autre termes encore, et en transposant l'exemple choisi dans le domaine de la vie de la Cité, c'est contraindre, au nom du langage, les citoyens à certaines exigences, dites rationnelles, alors qu'elles ne sont que politiques.

C'est bien aux Sophistes qu'il faut remonter, et principalement à PROTAGORAS, si on veut reconstruire l'histoire de la liberté de pensée et de parole. On a fait de PROTAGORAS le champion des penseurs «antitranscendantaux». Cela n'est vrai que si on restreint la pensée transcendantale à ses formes idéalistes. On peut aussi estimer que la pensée idéaliste exclut la véritable transcendance au profit de son illusion.

On a beaucoup écrit sur le grand aphorisme sophistique, dû également à PROTAGORAS, et que PLATON (*Théétète.* éd. et ann. par L. Robin, «La Pléiade», t.2 p.97) nous rapporte : «L'homme est la mesure de toutes choses, de celles qui sont pour ce qu'elles sont et de celles qui ne sont pas pour ce qu'elles ne sont pas».

PLATON et ARISTOTE, et presque toute la tradition occidentale ensuite, ont compris qu'il s'agissait de *chaque* homme individualisé, GOETHE et GOMPERZ estimaient, au contraire, que PROTAGORAS visait ainsi le genre humain dans son entièreté. Pour DUPREEL (Apud BAREL. 1987. 151), il ne convient de retenir aucune de ces deux interprétations, car PROTAGORAS vise ici «la pensée humaine telle qu'elle se forge dans l'échange social» (Ibid.).

Il est clair que ces interprétations de la maxime sophistique condamnent l'être humain soit à un relativisme tel qu'il équivaut à un nihilisme total, soit à un cosmopolitisme débouchant sur l'indifférence, soit enfin à supposer qu'il existe un tel consensus social qu'il ne peut prôner qu'une seule «vérité».

Laissons ces supputations et reconnaissons avec BAREL qu'il ne faut pas s'y laisser enfermer, car tout ce que nous savons des Sophistes «nous montre qu'ils croient dur comme fer à la possibilité qu'ont les hommes de se *communiquer* leurs opinions, d'*échanger* des sagesses» (1987. 152).

Les Sophistes, s'opposant ainsi radicalement à PLATON, prétendent qu'il n'y a qu'illusion, et une illusion mortifère comme la suite le prouvera, à affirmer détenir la Vérité. Ce que les hommes peuvent atteindre, par la réflexion, le dialogue et la mise à distance, c'est une ou des vérité(s) dont l'*expression* est largement le produit d'une société et d'une époque.

Le discours sophistique insistait sur l'autonomie et le pouvoir de l'homme. Dans un de ses aspects, il s'érige en critique des fondements de la société : «la loi est une invention humaine, et, en une certaine mesure, artificielle et arbitraire» (BREHIER. 1985. 74). C'est ce qui explique la nécessité de la reprendre, de la corriger et de l'adapter régulièrement.

Mal comprise ou utilisée par une liberté pervertie, cette critique donnera lieu, tout au cours de l'histoire, soit au cynisme politique, soit aussi à une vaine habileté discursive, fréquente en politique. De fait, la tradition sophistique permet aussi l'utilisation éventuelle des techniques d'analyse et de discours pour la justification d'abus ou de lâcheté. Nous ne citons ces dérapages que pour mémoire, car il va de soi que toute pensée peut être travestie et que tout propos peut être mensonger, celui qui prétend s'inspirer de PLATON, comme celui qui affirme s'inspirer des Sophistes !

Pour comprendre le fondement de la pensée sophistique, en tout cas dans le cadre de ses applications politiques, il n'est même guère besoin d'opposer transcendance à immanence. En effet, la véritable question posée par les Sophistes se situe en dehors du dilemme simplificateur de la vérité et du mensonge, elle concerne plutôt le problème de l'efficacité de la pensée politique en liaison avec le langage (BAREL. 1987. 173), et cette efficacité, ajouterions-nous, doit s'apprécier principalement par rapport à la *qualité* de la vie dans la Cité [1].

Quant on parle du relativisme des Sophistes, on oublie généralement que ce terme renvoie également, pour être défini concrètement, aux relations entre divers points de vue. La question de l'apparence le manifeste bien : en simplifiant outrageusement la pensée sophistique, on a pu dire que, pour eux, si l'être n'est rien et les apparences non plus, on sombrait dans un nihilisme total.

En réalité, les Sophistes ne pratiquent pas une opposition aussi tranchée. Ce qui compte, pour eux, c'est la référence humaine par rapport à laquelle doivent s'apprécier ce qu'on appelle l'être et l'apparence (POIRIER. 1988. 1519). Le langage n'est donc pas pour eux un moyen de «dire l'être», il se définit socialement comme moyen d'interaction et de communication humaines.

Si PLATON, profondément déçu par ses proches et par l'évolution de la Cité, sombre dans un pessimisme selon lequel tous les régimes politiques sont mauvais (CHATELET. 1978. 177) et propose un lieu mythique où se réaliserait ce qu'il pense être la Cité idéale, il est contraint de considérer la vie quotidienne, concrète et individuelle, comme peu digne d'intérêt et d'attention, et dès lors, de proposer, faute d'avoir les moyens d'imposer, des conceptions politiques où la part d'obéissance aveugle et de coercition croît d'autant plus qu'elles concèdent davantage à l'aspect affabulateur et mythique du discours politique.

---

[1] Ce qui importe pour les Sophistes, c'est «ce par quoi des choses interviennent pour l'homme» (POIRIER. 1988. 1520). Le lieu de cohérence théorique et éthique est fourni par un concept qu'on hésite à traduire, car l'équivalent français a des connotations absentes dans le terme grec de *kairos*. L'équivalent lexical de «moment opportun» ou de «circonstance» doit exprimer une «valorisation de l'être par rapport au temps» (POIRIER. 1988. 1521) pour rendre le terme grec dans son emploi sophistique. Des courants contemporains tels que l'existentialisme, la phénoménologie et le personnalisme seraient davantage dans le climat de cette pensée.

A l'inverse, on a souvent reproché aux Sophistes de se soucier de persuader sans s'inquiéter ni de la vérité, ni de la légitimité de la thèse défendue. Il faut restreindre la portée de cette affirmation, non seulement comme nous venons de le faire, en situant le propos dans le contexte de sa référence humaine et sociale, mais aussi en créditant les Sophistes de la nécessité dans laquelle se trouve tout discours politique d'être *également* un discours utopique, mais mobilisateur. C'est ce qu'on qualifie habituellement et paradoxalement de discours utilitariste et efficace, sinon opportuniste et cynique.

Si l'on ne peut faire l'économie du dilemme d'une vision réaliste ou d'une vision idéaliste, ou encore du dilemme d'un consensus relatif obtenu par le dialogue et l'adhésion réfléchie ou d'une cohérence obtenue par la contrainte de tous au discours de quelques-uns (BURDEAU. 1980. 50 sq.), il devient dès lors outrecuidant de reprocher aux Sophistes et à leurs héritiers un souci d'efficacité et un opportunisme que, tout au long de l'histoire, leurs adversaires n'ont cessé de manifester sans jamais quitter le pouvoir et ses avantages.

Ce sont ces conceptions du pouvoir et de la soumission à l'autorité qui opposent radicalement les philosophes conservateurs et ceux qu'on pourrait appeler les humanistes.

Pour les premiers, toute interrogation, a fortiori toute contestation ou rébellion, «met en péril les fondements de l'édifice social» (MILGRAM. 1974. 18). Pour eux, même si la décision prise par les autorités est mauvaise, il vaut cependant mieux s'y soumettre que de risquer un mal plus grand qui consisterait, par son attitude, à ébranler toute la société. HOBBES devait d'ailleurs décharger la conscience des exécutants en affirmant que seule la responsabilité de celui qui avait donné l'ordre était réellement engagée. L'époque contemporaine a malheureusement connu les atrocités qui découlèrent d'une telle conception et a constamment refusé, du moins *post factum,* ce genre de justification.

Pour les humanistes, au contraire, au nom de la nécessaire individuation des valeurs universelles, l'accent est mis sur la part de liberté personnelle et sur la qualité de l'engagement social et politique. Leur sens de la responsabilité les conduit à revendiquer pour chacun les conséquences de ses actes et l'obligation de l'insoumission à l'autorité si celle-ci entre en conflit avec l'éthique personnelle. Toutefois, pour couper court à une tolérance purement abstraite et verbale, les humanistes prennent habituellement soin de préciser combien la vie collective doit être appréciée dans le concret situationnel et individuel.

3. Le combat démocratique.

Le conflit entre les conservateurs et les humanistes recoupe ainsi le combat pour la démocratie dont nous allons traiter maintenant, en situant d'abord rapidement les conceptions politiques démocratiques dans les divers courants politiques et historiques.

Le lent avènement des formes modernes de démocratie ne doit pas être envisagé comme un processus conscient et maîtrisé, depuis les premières formes dont nous avons longuement parlé à propos des Sophistes, jusqu'à notre époque. S'il y a eu évolution, ce serait davantage dans le sens que retraçait MONOD au sujet de l'évolution biologique, c'est-à-dire d'un processus évolutif dans lequel non seulement la réflexion et l'action ont joué leur rôle, mais aussi le hasard et la nécessité...

S'il faut considérer comme étapes préparatoires à la démocratie moderne le libéralisme, le régime représentatif et le constitutionnalisme, sans doute alors faut-il voir se succéder des régimes et des situations qui en préparent l'avènement. Ce serait le cas successivement pour l'Empire alexandrin, l'Empire romain, la féodalité, les monarchies absolues, l'apparition des oligarchies et finalement les développements des monarchies constitutionnelles (LAVAU et DUHAMEL. 1985. 46).

Les conflits, que nous avons longuement rapportés entre les Sophistes et toute la tradition inaugurée par SOCRATE et PLATON, se reflètent dans les divers sens du mot «démocratie» qui n'apparaît d'ailleurs que tardivement en grec. En effet, les Athéniens du temps de PERICLES opposaient déjà un «système de règlements d'inévitables *conflits* par le principe de majorité, ou bien un système consensuel ou chacun se *convertit* à un intérêt commun et où l'unité s'obtient par unanimité» (IDEM. 35).

L'idéal, à atteindre par des voies diverses ou simplement jugé inaccessible, demeure tant pour SOCRATE ou PLATON que pour ARISTOTE ou DEMOSTHENES cette communauté d'esprit, *homonoia,* expression, dans le meilleur des cas, de l'amitié que se portent les citoyens, dans le pire des cas, de l'endoctrinement et de la contrainte exercé sur eux.

Pourtant, à partir de LOCKE, c'est le principe majoritaire qui l'emportera progressivement, sauf chez certains, tel Jean-Jacques ROUSSEAU, ou dans certaines communautés utopiques ou anarchistes et cela avec une forte résurgence contemporaine.

La démocratie sera, pour autant qu'une définition unique puisse en être donnée — question qu'on examinera plus loin en terminant -, une combinaison du principe majoritaire, que ne soulevaient pas les Sophistes, avec certaines valeurs partiellement préconisées par eux.

La démocratie moderne repose ainsi sur l'élimination du transcendantal comme pôle de référence collectif et obligatoire, sur la promotion de l'individu en tant que lieu premier de décision et que lieu ultime d'adéquation et d'appréciation du politique et enfin sur un égalitarisme théorique politique, social et économique.

Le premier trait repose sur la lente acceptation de la possibilité sociale de l'incroyance et sur la progressive constatation anthropologique et linguistique des pièges de l'expression unique d'une expérience largement personnelle et culturelle.

Le second suppose la prise de conscience, au cours de l'histoire, de l'importance d'une adhésion personnelle aux valeurs de la liberté et des moyens d'épanouissement qu'il importe de laisser à chacun, fondements de ce qui deviendra les droits de l'homme.

Le troisième trait enfin, largement corollaire des deux premiers, fait admettre que «quelle que soit la place qu'un homme occupe, il ne l'occupe (pas) par nature ni par décret de la divine providence» (LAVAU et DUHAMEL. 1985. 50). Il s'ensuit une mobilité, au moins potentielle, sociale, économique et politique. Ces aspects fondamentaux de la démocratie étaient déjà présents dans la philosophie politique des Sophistes.

Par contre, est moderne un autre trait de la démocratie à savoir la distinction de plus en plus stricte du public et du privé (LAVAU et DUHAMEL. 1985. 48), distinction qui ne se formule que progressivement à l'époque contemporaine, distinction que, dans la pratique, nombre de citoyens ne sont d'ailleurs pas encore prêts à accepter[1].

L'ensemble de ces caractéristiques suppose, pour être vécues dans la Cité concrète, une négociation entre les citoyens et la mise en oeuvre de qualités dialogiques. Ces dernières ne s'acquièrent pas sans un apprentissage aussi bien d'une écoute bienveillante de l'Autre que des moyens à utiliser pour s'exprimer adéquatement. Les initiateurs de la démocratie, les Sophistes, enseignèrent cet art de vivre dans la Cité et d'y faire prévaloir, par la parole et le dialogue, les valeurs démocratiques (BERNHARDT. 1972. 68).

L'histoire de l'idée de démocratie se confond largement avec celle des droits de l'homme. En effet, ceux-ci supposent, pour être vécus et mis en pratique, un climat de tolérance et donc de pluralisme. Ces conceptions trouveront des défenseurs tout au long de l'histoire, même si le courant dominant reste celui de la contrainte et de la coercition que le pouvoir prétend imposer aux citoyens.

En plein absolutisme, au XVIIème siècle, SPINOZA (Cité par GUICHARD-MEILI. éd. 1985. 107) en prend le contre-pied et définit la finalité de la politique non pas comme étant «la domination, ni la répression des hommes, ni leur soumission au joug d'un autre», mais, au

---

[1] Que l'on songe, par exemple, à l'incidence de ce qu'on appelle la vie privée dans la carrière des hommes politiques... ! — L'opposition entre privé et public apparaît déjà partiellement dans l'Antiquité grecque. Ainsi, THUCYDIDE fait remarquer que «la loi traite tout le monde à égalité pour ce qui est des différends privés», tandis que, «dans le domaine public, nous craignons avant tout de rien faire d'illégal, dans le respect des magistrats et des lois, surtout de celles qui protègent les victimes de l'injustice ou qui, même non écrites, ont pour sanction un véritable opprobre» (Cité par GUICHARD-MEILI. éd. 1985. 101).

contraire, comme étant la libération de l'individu de la crainte, de manière à ce que, dialoguant plus facilement entre eux, les hommes cessent de s'affronter et de se détruire.

L'idée d'une liberté individuelle, la plus grande possible, comme finalité de la vie politique, affleure ainsi, marginalement mais régulièrement, depuis l'Antiquité jusqu'aux grands débats du dix-neuvième siècle. Cette idée prend parfois des formes radicales et se détruit elle-même à insister de manière excessive sur l'individu.

Ce sera le cas chez Jean-Jacques ROUSSEAU. Pour celui-ci, l'homme naît dans un état de liberté et est donc son seul maître. Cet état, que ROUSSEAU définit comme un état de solitude puisqu'il préexiste à toute communauté durable, doit absolument se maintenir dans l'état social : «la liberté [civile] consiste moins à faire sa volonté qu'à n'être pas soumis à celle d'autrui; elle consiste encore à ne pas soumettre la volonté d'autrui à la nôtre. Quiconque est maître ne peut être libre, et régner c'est obéir» (Cité par AKOUN.1984. 356).

Curieusement, à ce stade, la démocratie radicale de ROUSSEAU rejoint la philosophie politique des partisans de la contrainte sociale. En effet, puisque, selon lui, «l'obéissance à la loi qu'on s'est prescrite est liberté» et que la solitude et l'isolement des individus doivent être dépassés, il en arrive à estimer que «les bonnes institutions sont celles qui savent le mieux dénaturer l'homme, lui ôter son existence absolue pour lui en donner une relative, et transporter le moi dans l'unité commune; en sorte que chaque particulier ne se croie plus un, mais partie de l'unité, et ne soit plus sensible que dans le tout» (Ibid.).

Comme l'écrit judicieusement AKOUN (Loc. cit.), «les deux termes de l'alternative sont clairs : soit l'homme vit tout entier pour lui-même, soit il vit tout entier pour la cité», il n'y a donc pas de moyen terme. En réalité, puisque le premier terme est de fait presque impossible à vivre et même à imaginer, les hommes sont donc condamnés au second... Si bien qu'à partir de présupposés apparemment démocratiques et égalitaristes, ROUSSEAU débouche sur une conception d'un état omnipotent et totalitaire !

La question de la légitimité démocratique se repose concrètement à partir de la Révolution de 1848 à propos du suffrage universel et de la souveraineté populaire. Elle opposera partisans et adversaires dans l'arène politique bien entendu, mais aussi dans les conceptions divergentes de l'éducation du citoyen (COMPAGNON. 1986. 169-172). C'est l'époque où la sophistique grecque est redécouverte : en réinterprétant et en réhabilitant les Sophistes, on tente de légitimer la souveraineté populaire en reprenant sur ce point PROTAGORAS qui affirmait que la vertu politique est équitablement répartie entre tous les citoyens, ce qui ne serait pas le cas pour les autres vertus[1].

L'opposition entre l'Ancien Régime et l'époque contemporaine se marque notamment sur ce point essentiel de l'égalité entre les hommes. Pour l'Ancien Régime, l'inégalité humaine, était marquée principalement par le lieu social de la naissance et par un Dieu qu'on plaçait commodément au sommet de la hiérarchie, en tant que garant et fondement de la souveraineté (AKOUN. 1984. 453). Les révolutions anglaise au XVIIème, américaine et française au XVIIIème siècle, affirmeront, au contraire, la liberté et l'égalité naturelles des hommes, de même que la légitimité du pouvoir populaire.

Si l'on excepte la question du suffrage universel, posée d'ailleurs davantage dans une optique sociale que politique, le XIXème siècle se préoccupera moins de ces liberté et égalité naturelles que de leurs conséquences sur le plan économique et social. L'urgence est de ce côté suite aux bouleversements qu'entraîna presque toujours l'industrialisation de l'Europe.

La réflexion politique sur la démocratie reprend cependant de plus belle dans l'entre-deux-guerres et surtout après la Seconde Guerre mondiale, dans le choc des excès commis par les totalitarismes dont notre époque semble avoir connu les manifestations les plus achevées. Opposition radicale entre deux systèmes politiques, la démocratie et le totalitarisme, opposition que manifestèrent, chacun à sa manière et à son heure, aussi bien le nazisme que le stalinisme dont l'alliance temporaire, plus naturelle qu'on ne l'a prétendue, permettait la constitution d'un front unique contre l'ennemi commun appelé «bourgeoisie», en réalité démocratie.

La liberté de parole, que contestent les totalitarismes, en ne lésinant d'ailleurs pas sur les moyens de l'interdire aux citoyens, constitue l'expression majeure de la démocratie. Le pluralisme langagier s'instaure comme la première nécessité de la démocratie et cela dès l'époque des Sophistes qui le revendiquent. D'où aussi la tolérance, souvent mal comprise, de ceux-ci aux contradictions qui ne sont, somme toute que des vérités partielles qui s'affrontent (AKOUN. 1984. 94).

Mais cette tolérance n'est pas exclusive des Sophistes. ARISTOTE lui-même reprochait à PLATON son idéal d'une Cité dont la perfection consisterait précisément dans une unité qui se marquerait par l'absence de tout discours et de tout comportement que nous qualifierions aujourd'hui de dissident ou de marginal.

---

[1] Pour que la démocratie ne se confonde pas, dans l'esprit de ses défenseurs, avec la démagogie, il faut non seulement présupposer, dans le domaine de la politique, l'égalité de moyens intellectuels chez les citoyens, mais aussi prévoir une éducation qui les rendît, de fait, semblables sur le plan des tâches politiques (COMPAGNON. 1986. 171).

ARISTOTE (Cité par AKOUN. 1984. 461) opposait vigoureusement à son prédécesseur ses propres conceptions pluralistes : «il est évident, écrivait-il, que le processus d'unification se poursuivant avec trop de rigueur, il n'y aura plus d'Etat; car la Cité est par nature une pluralité, et son unification étant trop poussée, de Cité, elle deviendra famille, et de famille individu : en effet, nous pouvons affirmer que la famille est plus une que la Cité, et l'individu plus un que la famille. Par conséquent, en supposant même qu'on soit en mesure d'opérer cette unification, on doit se garder de le faire, car ce serait conduire la Cité à sa ruine. La Cité est composée non seulement d'une pluralité d'individus, mais encore d'éléments spécifiquement distincts».

Quoiqu'on puisse prétendre que les totalitarismes sont bien le fruit de notre époque (AKOUN. 1984. 453) et qu'il ne faut pas trop en rechercher la généalogie dans l'Antiquité, il n'en demeure pas moins, que, malgré cette spécificité de notre époque, il y eut plus qu'une connivence entre les régimes totalitaires et la pensée platonicienne. Il est troublant de constater, non seulement l'appui de ces régimes à l'enseignement et à l'expansion des idées platoniciennes, mais aussi de lire dans le programme officiel du parti nazi allemand que le but poursuivi était la production de «gardiens au sens platonicien le plus fort» (Cité par GUTHRIE. 1969. 10).

Hannah ARENDT (Citée par AKOUN. 1984. 455) voyait dans le totalitarisme la combinaison des traits suivants : une idéologie officielle et exclusive expliquant et recouvrant tous les aspects de la vie, un parti unique de masse dirigé par un seul leader, la terreur policière contre des ennemis individuels et aussi contre des portions de la société, l'isolement de l'individu coupé d'autres structures possibles (syndicats, Eglises, famille) et enfin le monopole de l'information qui comprend aussi bien l'enseignement que l'endoctrinement et la propagande.

On constate que ces aspects se regroupent essentiellement autour des fonctions du langage : la parole du Chef est unique, elle est véhiculée par l'idéologie omniprésente dont les canaux privilégiés sont l'enseignement, l'endoctrinement et la propagande pour autant d'ailleurs qu'il faille distinguer ces trois fonctions. Le discours du Chef unique ou de ses porte-paroles s'impose d'autant mieux qu'il s'adresse à des individus isolés et coupés d'autres lieux de communication et de dialogue, mais soumis par contre à une terreur accentuée encore par son caractère largement arbitraire ou irrationnel.

Le citoyen qui se soumet au discours totalitaire, et donc monopoliste, tente névrotiquement de réduire la distinction entre l'universel dans lequel il se fond et le tout qu'il ramène à lui. Son propos n'est plus véritablement le sien, mais toujours celui du parti, «si, par sa communion avec l'ordre sacré du parti et avec le corps du chef, le partisan est l'oint du seigneur face au monde extérieur au parti, il n'est rien par rapport au parti» (AKOUN. 1984. 457).

Le partisan perd ainsi sa propre langue, comme il devient incapable d'écouter celle des autres. Il perçoit cependant quotidiennement «la distance infinie entre la pureté du discours idéologique abstrait et l'impureté du monde réel qui résiste à cette abstraction» (IDEM. 458). Comme la ligne du parti ne peut être mise en doute, l'écart est donc nécessairement dû à ses propres insuffisances, d'où sa culpabilité, et à la malveillance des ennemis du parti, d'où son agressivité[1].

Si la démocratie consiste, ainsi que nous l'avons suggéré plus haut, à mettre en oeuvre des règles régissant le fonctionnement de la Cité de telle sorte que les citoyens conservent le plus de liberté «possible», tout l'écart entre ses réalisations concrètes, quoique toujours imparfaites, et les utopies idéalistes, qui s'en réclament abstraitement pour néanmoins la rejeter dans la réalité, se mesure dans ce seul mot «possible».

C'est ainsi que divers courants de pensée politique, issus cependant de l'idée démocratique, en arrivent à rejeter catégoriquement «la démocratie au même titre que tout autre régime politique parce qu'elle est, elle aussi, une forme et une *variété d'Etat,* qu'elle est donc contrainte et violence exercées par des hommes et des appareils contre l'immense majorité des peuples» (LAVAU et DUHAMEL. 1985. 38).

Ce fut le paradoxe de la pensée anarchiste et de la pensée marxiste, se rejoignant au moins sur ce point, que de condamner la démocratie concrète, la seule possible et la seule accessible aux hommes, au nom d'une idée abstraite, affirmée comme universelle parce qu'elle négligeait simplement les réalités concrètes. Paradoxe également qu'au nom d'une liberté égalitaire et que chaque homme a en partage, on ait massacré ou réduit en esclavage d'innombrables individus.

4. Conclusion.

Qu'on ne pense pas que la distance soit grande entre les théories formulées à propos du langage et les conceptions politiques portant sur la nature du dialogue et de la communication entre tous les citoyens !

En effet, si les fonctions du langage jouent un rôle fondamental dans la définition et l'exercice de la démocratie, comme d'ailleurs, à l'inverse, dans la définition et le fonctionnement du totalitarisme, on devrait s'attendre à en retrouver les échos dans les théories linguistiques, mais aussi, d'une façon plus générale, dans la manière de théorétiser la communication.

Les concordances sont davantage que de détails entre les conceptions linguistiques des Sophistes et leurs positions politiques. Il en va de même, quoique de façon moins évidente de prime abord, chez PLATON. Oppo-

---

[1] Dans ce contexte, la culpabilité introjetée par le partisan se combine à l'agressivité extrojetée sur l'ennemi pour produire des comportements sadiques exercés sur ce dernier.

sition à la fois linguistique et idéologique qui perdurera à travers le moyen âge dans la querelle qui dressera les «réalistes», pour lesquels les mots reflètent seulement les idées, contre les «nominalistes», pour lesquels le langage est arbitraire, c'est-à-dire contingent et résultat de l'histoire (LEROY. 1971. 5, 7).

L'opposition entre les deux courants se poursuit encore à l'époque contemporaine, moins d'ailleurs, comme on le prétend souvent, entre le chomskisme et d'autres courants théoriques, qu'entre la linguistique proprement dite et des disciplines qui s'en sont séparées, telle que la sociolinguistique, la psychologie du langage, l'ethnolinguistique ou l'anthropologie du langage, mais surtout entre une linguistique du langage et une linguistique, largement encore à créer, de la communication[1].

Cette opposition n'est-elle pas le résultat de ce que les sciences de l'homme s'obstinent encore largement à fonctionner selon des modèles idéalistes ? Une enquête récente, limitée il est vrai à la France, soulignent cependant les changements qui surviennent sur ce point dans les recherches portant sur le langage. Le dispositif interne des théories linguistiques semble actuellement ébranlé par l'action de diverses forces dont essentiellement ce qu'on a appelé la vague communicationnelle, la conscience historique et enfin la volonté de Fête et d'Autrement.

Mais si ces forces agissent sur la théorisation du langage, c'est aussi parce qu'elles agissent dans la société et correspondent donc à une modification concomitante de la demande sociale. Comme l'écrit GRUNIG (1982. 433), «la demande sociale et l'interrogation théorique s'expriment dans des langages et en des lieux différents, mais, à un certain niveau, elles sont bien contraintes et portées par le même réel»[2].

Le lien étroit, qui existe entre les conceptions théoriques sur le langage et la communication d'une part et de l'autre les conceptions et aspirations politiques par rapport à la démocratie, s'exprime paradoxalement dans les affirmations souvent répétées que la linguistique serait une science, non seulement exacte et rigoureuse, mais aussi désintéressée. Supposant que ceux qui parlent comme ceux qui étudient leur langage ne sont soumis à aucun intérêt social et politique, les linguistes érigèrent longtemps des explications effaçant, en tant qu'acteurs sociaux, aussi bien les sujets parlants que les descripteurs (FOREST. 1986. 319).

---

[1] Quelles que soient les divergences, voire les oppositions, entre les diverses versions du chomskisme et les autres théories du langage, les unes et les autres participent largement de la présupposition qu'il existe une réalité de la langue plus ou moins indépendante des réalités de la parole.

[2] L'ouverture des linguistes sur les problèmes de la société contemporaine a comme corollaire un bouleversement théorique encore timidement ébauché (Cf. aussi GRUNIG. 1982. 434). Le retard mis par cette discipline à entreprendre une réflexion portant sur les implications dans la théorie linguistique, manifeste bien la nature et le niveau des résistances entretenues par des idéologies antidémocratiques longtemps dominantes.

Le renouveau qu'apporta à cet égard le courant pragmatique, avant d'être lui-même critiqué pour ses liens manifestes avec les anciennes théorisations linguistiques, mérite d'être souligné. Le succès de la vague pragmatique, dont les débuts remontent à près de vingt ans, «est sûrement lié au fait que <ce courant> produit un 'effet de réalité' énorme, substituant la chair de la parole en situation au squelette des structures de la langue» (FOREST. 1986. 323).

On a proposé diverses définitions de la démocratie[1]. Si aucune ne peut, à elle seule, définir ce type de régime politique d'une manière suffisante et satisfaisante n'est-ce pas tout simplement dû au fait que le principe de tolérance et de pluralisme que chacune de ces définitions devrait inclure, au moins implicitement, ne peut se laisser appréhender que comme potentialité, échappant de ce seul fait à la rigidité du langage ou à sa trop grande restriction... ?

Quoi qu'il en soit des tentatives de définition du concept de démocratie, il implique évidemment le principe de pluralisme. Ce même principe formulé non plus en fonction de la diversité des personnes, mais bien de la diversité des points de vue montre que les libertés qui en découlent n'ont finalement de sens que dans la mesure où les individus concrets restent libres d'en user pour rester libres, eux qui sont «les centres ultimes de décision dont tous les autres ne sont que des émanations temporaires, circonscrites et réversibles» (BAECHLER. 1985. 67). C'est pour chaque homme la seule possibilité de se défendre contre les délégations de pouvoir et le risque d'autocratie qu'elles comportent toujours.

Si la nécessité existe bien de faire passer l'intérêt commun avant ceux qui ne sont que particuliers, il est clair que cette nécessité comporte en elle-même le risque d'une dérive autocratique. Ce qui permet d'atténuer ce risque et de le maîtriser, c'est la possibilité reconnue et encouragée de dialoguer. Mais, comme le dialogue singulier entre individus isolés ne permet ni à l'information de circuler suffisamment et rapidement, ni à une action correctrice éventuelle de prendre corps, il est indispensable que le dialogue puisse être médiatisée par ce qu'on appelle l'opinion publique.

---

[1] LAVAU et DUHAMEL (1985. 29-30) en proposent cinq différentes qu'ils doivent cependant nuancer immédiatement et dont ils soulignent les limites et les dangers. — La difficulté, sinon l'impossibilité, de définir la démocratie d'une manière générale et abstraite se mesure aussi dans l'opposition fréquente, mais simpliste parce que précisément radicale, qui est faite entre la démocratie et le totalitarisme. Cette antithèse reflète, lorsqu'elle est présentée ainsi, ou bien l'inculture politique profonde de ceux qui la pratiquent ou leur adhésion inconditionnelle à une idéologie totalitaire à prétention démocratique, c'est-à-dire qu'elle n'oppose finalement que deux formes de totalitarismes par des jeux de langage que vise d'ailleurs la désinformation (Cf. REVEL. 1983. 313 sq.).

L'opinion publique, qui représente, malgré sa dénomination, «l'ensemble des opinions privées portant sur les affaires publiques» (BAECHLER. 1985. 69), repose sur l'existence de divers points de vue, partisans et contradictoires. Dans les sociétés aux dimensions suffisamment importantes, l'opinion publique est relayée de diverses manières : journaux, tracts, livres, radio, télévision, etc.

Elle représente, dans la structure dialogique indispensable à l'exercice de la démocratie, un échelon intermédiaire entre la parole individuelle et la parole collective. L'importance de l'opinion publique est donc en relation directe avec le degré de démocratie d'une société. A contrario, l'absence d'opinion publique est le signe de l'autocratie. Dans un tel système, en effet, l'opinion publique est condamnée au silence, au mieux à la clandestinité et à la dissidence contestataire.

L'expression, la défense et l'exercice de la démocratie par le moyen de la parole, discours singuliers et opinion publique, sont menacées par trois perversions. Chacune de celles-ci met en cause un des aspects de la diversité nécessaire des discours politiques. Chacune de ses perversions réduit le pluralisme langagier au soliloque ou à la langue de bois.

BAECHLER (1985. 227 sq.) désigne ces perversions du nom d'agitation intellectuelle, de rationalisme et de propagande. Bien qu'on puisse déjà en trouver la trace dès l'Antiquité, ces déviations n'apparaissent cependant comme telles qu'à l'époque moderne.

La première perversion, l'agitation intellectuelle, consiste à confondre légitimité et légalité politiques et scientifiques. Est légitime politiquement toute opinion, quelle que soit d'ailleurs sa légalité ou son illégalité, qui entend, dans la persuasion qu'elle vise à atteindre, respecter les règles du jeu démocratique. Alors qu'en science, «n'est légitime que la proposition, l'hypothèse ou la théorie qui entretient quelque rapport avec la vérité, alors que toutes les opinions même les plus farfelues ont un droit légal à s'exprimer» (Ibid.).

La perversion rationaliste réside dans le fait de privilégier, dans le domaine de la réflexion politique, la déduction au lieu de recourir également à l'expérience[1]. Il en résulte une simplification qui, en général, n'est pas préjudiciable en science, mais qui, dans les sciences de l'homme et en politologie en particulier, dénature complètement l'analyse entreprise.

Enfin, la troisième perversion, celle qui est la plus grave, est la propagande. Elle affirme que seules les propositions scientifiques sont légitimes et prétend que la science aurait conquis des «terrains couverts

---

[1] La perversion symétrique existe également. Elle consiste à s'en tenir à la seule expérience sans accepter le secours que la déduction peut apporter pour classer et hiérarchiser les faits politiques.

par le savoir et la dialectique» (BAECHLER. Op. cit. 228). Elle formule, dès lors, un discours qui refuse, au nom de la science, toute contradiction sinon toute variante.

Ce soliloque à prétention scientifique reste la seule forme de discours possible à l'homme totalitaire qui trépigne d'impatience que son «absolu» ne soit pas réalisé ici et maintenant. Cet homme aura quitté le monde du dialogue et de la communication véritable. Il est condamné à un langage vide de sens, à un langage doublement stéréotypé correspondant aux deux faces de son personnage : «d'un côté, l'homme de la propagande à la langue de bois bardée d'imprécations et d'injures soigneusement codées (juif ! bolchevik ! ploutocrate ! capitaliste ! cosmopolite ! bourgeois !); de l'autre, l'homme de l'administration qui saura, le jour où l'histoire le privera de ses justifications idéologiques, s'apitoyer sur son sort et expliquer qu'il n'a fait qu'obéir, réduisant à la prose d'un travail bureaucratique abstrait l'horreur de ses pratiques» (AKOUN. 1984. 458).

Ainsi, à prétendre détenir une vérité politique absolue, inexistante comme telle, l'homme perd sa capacité de dialoguer comme il perd son autonomie puisqu'il s'agit bien de deux faces d'une même réalité ! La capacité de parole se révèle donc bien comme l'étalon de la liberté dans une société.

7. QUESTIONS DE MÉTHODE COMPARATIVE

Résumé : Le comparatisme se définit plutôt comme une modalité du regard porté sur l'Autre que comme une méthode définissable. Il n'a donc pas d'objet propre, ce qui est peut-être le trait caractéristique des sciences de l'homme, par opposition aux sciences de la nature. Il suppose la décentration et l'autoimplication, ce qui instaure une topique ou lieu de comparaison, et d'autre part la prise en compte des finalités, seul moyen d'apprécier les modèles proposés et les règles d'économie ou de gestion pour l'atteindre. Le comparatisme fonctionne dans la dialectique de la différentiation et de l'intégration par la distanciation que le sujet parvient à introduire entre les différentes instances du jeu humain. La pluralité des interprétations souligne l'éventuelle fragilité de certaines évidences et manifeste les lieux de résistance herméneutique.

Plan :

1. Introduction : Une modalité plus qu'une méthode. D'où des difficultés de définitions. D'où aussi des difficultés d'insertion dans le champ de la connaissance scientifique.

2. Sciences de l'homme, sciences de la nature : Différence d'objet ou les premières sont-elles sans objet ? En conséquence, une autre épistémologie.

3. Caractères du comparatisme : Décentration et autoimplication, topique ou lieu de comparaison. Finalités, modèles et règles d'économie ou de gestion. Dialectique de la différence : différentiation et intégration. Distanciation.

4. Conclusion : Pluralité des interprétations et règles méta-interprétatives.

* *

*

1. Introduction.

On sait que la comparaison est loin d'être aussi naturelle et spontanée qu'on l'a supposé : c'est progressivement que l'enfant puis l'adulte abandonne son univers qui tend perpétuellement à se recentrer sur lui-même et sur ce qui lui est proche et familier.

A cette constatation bien établie, tant par les psychologues que par les sociologues, s'en oppose une autre, étayée non seulement par le «sens commun», mais aussi par des études et des expériences. En effet, on observe également une tendance naturelle de l'esprit à la comparaison.

Ces deux constatations ne sont pourtant contradictoires qu'en apparence : la comparaison s'avère difficile lorsqu'elle remet en cause, elle s'effectue au contraire spontanément lorsqu'elle conforte d'emblée l'individu ou le groupe dans des positions antérieures. Comme la proximité de l'objet comparé dépend moins de ses propriétés intrinsèques que de leur perception et des échos que celle-ci suscite en nous, il en découle que le comparatisme, en tant que moyen de décentration et d'autoimplication, ne pourra se définir formellement et a priori.

Le comparatisme, ainsi compris, est donc davantage un regard particulier porté sur l'objet qu'une méthode ou une épistémologie au sens classique du terme. Il se rapproche bien plus d'une modalité perceptive et cognitive que d'une méthodologie au sens expérimental de ce mot.

Il faudra, pour apprécier le fonctionnement concret du comparatisme, prendre en compte aussi bien la divergence des données dans leur aspect qu'on pourrait schématiquement qualifier d'«objectif», mais également les effets que ces divergences exercent sur l'observateur. Comme ce dernier est le mieux placé, en fait à certains égards le seul relativement bien placé, c'est donc à lui que reviendra cette appréciation, ce qui suppose de sa part une capacité de distanciation et d'autoimplication.

On entrevoit déjà que le comparatisme inclura nécessairement deux moments : le premier de décentration ou de différenciation, le second de recentration et d'intégration. Certains chercheurs ont parfois proposé de confier l'étude de ces deux moments à des spécialités différentes. C'est ainsi que MASSON-OURSEL (1931. 10 sq.), après avoir reconnu que l'étude du phénomène humain consiste essentiellement à découvrir «sous des différences manifestes de foncières similitudes» et que dès lors «tout jugement est une comparaison» tandis que cette dernière n'est finalement qu'«une interprétation de la diversité sous le biais de l'identité», propose d'attribuer le pôle de l'intégration à la philosophie et celui de la différenciation à l'histoire.

Il était naturel qu'une telle conception vienne à l'esprit de quelqu'un qui était à la fois indianiste et philosophe, devant tenter, à une époque où cela n'était pas bien reçu, de concilier ce qu'il pensait être les exigences spécifiques à cette double vocation. C'est à ce titre que nous avons d'ailleurs choisi l'exemple de ce chercheur.

MASSON-OURSEL dissocie, en effet, les deux pratiques scientifiques, celle du philosophe et celle de l'indianiste historien, concevant la spécificité de l'une et de l'autre de leurs démarches : «la philosophie positive, telle déjà que la concevaient un COMTE ou un DURKHEIM, telle surtout que nous tentons de la définir, diffère de l'histoire en ce qu'elle trouve dans la recherche du même à travers l'autre, un succédané de la recherche des lois, utopique en un ordre de faits qui, semble-t-il, ne se répètent jamais» (1931. 11).

Selon ce savant, la philosophie, ainsi conçue, sera «inverse et complémentaire de l'histoire». Car, pour lui, «l'historien ne s'intéresse aux ressemblances que pour mieux préciser, à leur lumière, de secrètes ou subtiles distinctions qui différencient de façon irréductible, en une insurmontable originalité, les données concrètes» (Ibid.).

Nous pensons, au contraire, que le comparatisme, loin de conforter les frontières entre les disciplines, devrait être un puissant incitant, sinon le seul, à les franchir constamment et finalement à n'en plus tenir compte.

La pensée précomparatiste oppose constamment, en un paradigme de disjonction, des termes qui ne prennent pourtant tout leur sens que dans la conjonction. Pour expliciter ceci, reprenons un exemple à MORIN et PIATTELLI-PALMARINI (1983. 209). L'organisation semble bien être le problème majeur de notre univers «au sens où elle est le caractère essentiel aussi bien de l'atome et de l'étoile que de l'être vivant et de la société».

D'où la disjonction théorique suivante : faut-il s'intéresser à une théorie de l'organisation qui reprendrait et expliquerait les grands traits communs à tout système organisé, ou n'est-il pas plus important et porteur de sens de se consacrer à l'approfondissement de ce qui différencie, par exemple, l'atome du soleil ou l'un de ceux-ci d'un être humain, etc. ?

L'épistémologie classique oppose radicalement un terme à l'autre et contraint de ce fait à choisir entre l'étude de ce qui permet de ramener à l'unité ou celle de ce qui différencie les objets, choix qui implique l'abandon du terme non choisi. Ce que MORIN et PIATTELLI-PALMARINI, et d'autres encore, appellent une «théorie de l'organisation» (Loc. cit.) et ce que nous appelons «comparatisme» se rejoignent sur ce point de la nécessité d'élaborer une théorie de l'organisation qui permette de dépasser ces oppositions réductrices.

La différence entre l'approche traditionnelle et l'approche comparative apparaît bien dans la manière d'aborder ce qu'on appelle, en anthropologie et en sociologie, les invariants ou, en linguistique et en philosophie, les universaux. A supposer que l'on puisse établir de tels traits, par une patiente observation des réalités humaines aidée du secours d'une typologie aussi déductive, l'ensemble de ces traits ne nous donnerait encore qu'une vision parcellaire, figée et incomplète de l'être humain.

Comme le notent judicieusement MORIN et PIATTELLI-PALMARINI, «l'idée d'universaux n'a de sens et d'intérêt que lorsque l'invariance est associée à la variance» (Op. cit. 213), ou, en termes de comparatisme, lorsque l'explication dépasse l'opposition simplificatrice entre l'unité et la diversité, entre l'intégration et la différenciation ou entre la centration et la décentration.

Il n'y a donc pas, selon nous, deux moments distincts, mais un seul soumis à des mouvements centrifuges ou centripètes selon les périodes et les points de vue envisagés. Cette dynamique dépasse la «double attention» que beaucoup d'auteurs considèrent, à la suite de CONDILLAC, comme le caractère essentiel du comparatisme[1].

Ces premières observations feront comprendre que le comparatisme ne peut fonctionner que comme une méthode marginale, relativement inintéressante, mais s'insérant apparemment harmonieusement dans l'épistémologie classique, ou, au contraire, comme une modalité de la réflexion sur l'homme qui abolit le découpage disciplinaire et le savoir partiel et partisan qui en découle.

Comme tel, le comparatisme fait partie de ces discours scientifiques contemporains qui récusent les lois de la production scientifique traditionnelle dans le champ des sciences de l'homme et «comme lois et comme scientifiques» (AUZIAS apud JUCQUOIS. 1986.c. 9), contestation dont Michel FOUCAULT, notamment, s'est fait le champion.

---

[1] La «double attention», proposée par CONDILLAC dans sa *Logique* (Apud LALANDE. éd. 1976. 154 s.v. «comparaison»), est reprise ensuite régulièrement comme étant le caractère essentiel du comparatisme, ainsi, avec des nuances d'ailleurs intéressantes, dans LAROUSSE, *Grand dictionnaire universel,* t. 4. 771, s.v. «comparaison».
Dans leur manière de définir la comparaison, les dictionnaires d'usage appuient cette disjonction. Ainsi le *Petit ROBERT* (éd. de 1977. 348 s.v. «comparer») propose trois définitions : soit «examiner les rapports de ressemblance et de différence», soit «rapprocher en vue d'assimiler», soit enfin «rapprocher des personnes ou des choses de nature ou d'espèce différentes <alors qu'elles ne peuvent pas être assimilées>». La première définition inclut évidemment les deux autres par son caractère de généralité plus grand, tandis que la deuxième exprime le point de vue intégratif et la troisième le point de vue différenciateur.
Les dictionnaires philosophiques ne vont guère plus loin dans cette définition. Pour être bref, citons simplement celui de LALANDE et celui publié sous la direction de FROLOV. LALANDE (1976. 154 s.v.) définit la «comparaison» comme une «opération par laquelle on réunit deux ou plusieurs objets dans un même acte de pensée *pour en dégager les ressemblances ou les différences*» (italiques de nous).
De même FROLOV. éd. *Dictionnaire philosophique,* Moscou (1980. 89) : «Comparaison, confrontation des objets afin de *déceler les traits de similitude ou de distinction* entre eux (ou les deux à la fois)» (italiques de nous, noter toutefois la dernière possibilité évoquée).

2. Sciences de l'homme, sciences de la nature.

Comprendre cela nous impose de revenir une nouvelle fois sur l'opposition fondamentale entre sciences de l'homme et sciences de la nature.

L'opposition classique entre ces deux groupes de sciences est moins simple qu'on ne l'a longtemps cru. Le passage d'un groupe de sciences à l'autre est aussi compliqué et complexe que le fameux passage du Nord-Ouest, pour reprendre l'expression très imagée de Michel SERRES (1980. 15).

Ce passage, aussi aléatoire que celui qui fait communiquer l'océan Atlantique et l'océan Pacifique, est celui qui nous relie, nous les humains, au monde. Il est compliqué et aléatoire non seulement en fonction des intérêts qui nous unissent au monde, mais encore du fait des fonctions différentes que le langage y joue selon l'objet dont on parle.

Supposons un instant que cette opposition réside, comme on le prétend souvent de part et d'autre, dans l'antagonisme entre l'objectif et le subjectif. La science sera connotée d'objective, tandis que les opinions seront considérées comme subjectives, opposition qui renvoie à la dichotomie objet et sujet. La dissociation qui s'installe ainsi dénature et le sujet et l'objet.

En effet, elle tend à faire accroire qu'il existe des réalités, objets de discours, qui puissent être atteintes comme telles, indépendamment du langage dont l'objectivité est postulée à la suite de celle des réalités. D'autre part, elle condamne, comme indigne d'intérêt scientifique, ce qui est de l'ordre du sujet. Enfin, toute la dynamique entre l'être humain et le monde est ainsi réduite et finalement niée.

A y regarder de plus près, l'opposition objet vs. sujet recoupe celle déjà abordée en débutant de la centration et l'intégration vs. la décentration et la différenciation. L'idéologie, selon Louis ALTHUSSER (Apud FRANCK. 1977. 251), «désigne aux individus la 'place' qui doit être la leur». Les individus sont interpellés et situés par rapport à l'absolu qui occupe la place centrale, en d'autres termes, ils sont constamment ramenés au centre que désigne cette idéologie. Le sujet se situe et se définit dès lors en fonction de ce centre qui apparaît comme seul objet possible.

Historiquement cette situation reflète la perte du caractère transcendantal de la relation de l'homme à Dieu. Cette désacralisation marque la Renaissance en même temps que l'essor des sciences de la nature. Il se produit alors une substitution : la relation Dieu-sujet est remplacée par celle d'objet-sujet (FRANCK. 1977. 252).

Mais comme cette substitution se produit à propos de la nature, il en découlera que seules les sciences qui ont cette dernière pour objet seront considérées comme objectives, le savant qui produira cette connaissance, de même que toutes les réalités non totalement réductibles à la nature, seront taxées de subjectives. Elles feront l'objet d'un savoir qui progressivement deviendra, dans les sociétés occidentales, un savoir de second ordre. Nous verrons plus loin que cette situation se modifie lentement de nos jours.

Dans la substitution de la science à Dieu s'est toutefois conservé un trait ancien de la relation du sujet à Dieu, c'est l'effacement de tout ce qu'il y a d'individuel et de particulier dans le sujet, bref de tout ce qui sera appelé ultérieurement «subjectif» et qui, comme tel, ne pourra donc faire l'objet d'une science.

La substitution de la science à Dieu a cependant gravement appauvri et perturbé la réflexion sur le sujet. En effet, alors que dans l'ancienne relation transcendantale de l'homme à Dieu, ce dernier réfléchissait en quelque sorte l'attitude et la pensée du premier, ce qui constituait la base d'un dialogue, dans la relation du sujet à l'objet, au contraire, l'objet est représenté comme inerte et en tout cas comme ne réfléchissant pas les attitudes et pensées du sujet.

Il en découle qu'à ce stade de l'évolution scientifique, en gros de la Renaissance à l'époque contemporaine, la question des sciences de l'homme, où celui-ci est simultanément objet et sujet de la science, ne pouvait se poser. L'interchangeabilité de l'observateur et de l'objet observé a conservé quelque chose de l'antique sacrilège et rares sont ceux qui auraient accepté d'encourir le blâme de la communauté scientifique en s'y essayant.

Le scientifique contemporain n'a pas encore quitté ces positions d'une façon définitive. La nécessité d'un discours critique et second sur la science «n'est pas tenu par une méta-science, par une instance ou une collectivité extérieure à la science, mais par une partie d'elle-même, celle que nous avons coutume d'appeler science humaine» (SERRES. 1980. 123).

Les sciences de l'homme pourtant, bien qu'elles balaient fréquemment «le seuil des autres sciences, où l'ordure est rare depuis des lustres», nous dit Michel SERRES (Loc. cit.), n'en finissent pas de sortir de ce paradoxe. En effet, celles qui passent pour les plus développées parmi les sciences de l'homme, «celles qui présentent les formes scientifiques les plus manifestes semblent aussi celles dont l'enracinement philosophique est le plus fragile, au point qu'on a pu dire, en pensant à elles, que 'l'homme des sciences humaines n'existe pas'». A l'inverse, et c'est ce qui fonde le paradoxe, «les approches en apparence les moins 'scientifiques' aux confins de la création littéraire et poétique, portent souvent l'interrogation la plus fructueuse» (GUILLAUME. 1986. 5).

La raison de ce paradoxe est que, si «l'homme des sciences humaines n'existe pas», selon ce que notre époque affirme toujours plus fort, c'est parce qu'«il n'y a pas d'essence de l'homme» (MORIN et PIATTELLI-PALMARINI. 1986. 213). S'il faut absolument définir l'homme, que ce soit en termes d'interrelations et d'interactions. Il ne faut donc pas expliquer un homme objet, externe radicalement à l'homme sujet, mais tenter d'expliquer simultanément et l'Autre et soi.

C'est donc encore une fois l'autoimplication qui permet de progresser. Par la distanciation que l'homme sujet peut introduire par rapport à ses propres attitudes et à son propre discours, il parvient à se réintroduire dans ce qui restait apparemment extérieur à lui-même. Le nouveau regard, que la mise à distance par rapport à son propre vécu permet à l'homme, élimine, en première instance, l'objet traditionnel des sciences de l'homme. C'est la nouvelle analyse à laquelle se sont risqués, en leur temps, et le marxisme et le freudisme. Il en reste au moins ceci, c'est que toute science de l'homme et sur l'homme doit désormais prendre en compte les doutes et les corrections qu'imposent les diverses lectures de l'idéologie et de l'inconscient.

Il en résulte la nécessité d'élaborer une nouvelle épistémologie des sciences de l'homme. La prise de conscience de cette nécessité est trop récente et inachevée pour qu'on puisse l'évoquer autrement que dans ses grands traits. Premier rappel : l'expérimentation, qui joue un rôle si important dans les sciences de la nature, souvent appelées d'ailleurs sciences expérimentales du nom de leur principal instrument, cette expérimentation ne joue qu'un rôle mineur, affaibli et d'ailleurs contestable, dans les sciences de l'homme.

Cette difficulté de l'expérimentation tient à deux causes : tout d'abord, les assertions les plus précises des sciences de l'homme tiennent à une spécification spatio-temporelle contraignante, si bien que «les phénomènes leur sont toujours donnés dans le devenir du monde historique qui n'offre ni répétition spontanée ni possibilité d'isoler des variables en laboratoire» (PASSERON. 1986. 13, même thèse développée dans GODELIER. 1982. 25).

La seconde cause tient à une autre spécificité des sciences de l'homme, dont nous avons parlé il y a quelques instants, à savoir la nécessité pour elles d'intégrer dans l'analyse des phénomènes les inter-actions et interrelations qui s'exercent constamment entre sujet observa-teur et objet observé. Comme le souligne GODELIER (1982. 24) dans l'introduction à son rapport sur la situation des sciences de l'homme en France, ces sciences «se trouvent confrontées, comme les sciences de la nature, mais à un degré plus complexe encore, au fait que l'observateur fait partie de la réalité observée et que son acte d'observation, comme les conclusions qu'il en tire, modifient jusqu'à un certain point la réalité observée».

Concrètement cela contraint à placer la science dans son contexte socio-politique, culturel et historique. Si le sujet doit se situer aussi en dehors de lui-même pour mieux comprendre ce qu'il est en lui-même, il en va de même pour la science qu'il s'agit de confronter avec ce qui lui est prétendûment extérieur, ce qui revient à ouvrir les frontières entre savoir scientifique et ce qui ne le serait pas.

Un telle démarche, faite avec la probité d'hommes de science, prive de l'impact idéologique le travail scientifique ou mieux elle le met clairement à jour. C'est une perspective assez répandue chez les chercheurs anglo-saxons. Elle atteste «que ces scientifiques ne *croient* plus qu'il existe un *lieu de l'objectivité ('la science')* où réside toute la vérité, un temple doré du savoir avec tout autour les ténèbres de l'ignorance et de la subjectivité, et des gens qui sont dehors et d'autres qui sont dedans» (FRANCK. 1977. 259).

Les sciences de la nature, et a fortiori les sciences de l'homme, apparaissent ainsi non seulement comme un ensemble de pratiques expérimentales et de déductions, mais aussi pour ce qu'elles sont en réalité à savoir une pratique sociale, politique, économique, culturelle, etc.

Ces prémisses d'une nouvelle épistémologie des sciences de l'homme sont confortées par ce qu'on sait aujourd'hui de la manière dont l'interprétation advient au sujet. On sait, en effet, que celle-ci n'est pas donnée une fois pour toutes : elle est, au contraire, médiatisée par la rencontre de deux ou plusieurs hommes, chacun avec leur histoire et leur enracinement, au moins partiellement propres. Cela signifie que «la révolution épistémologique appelée par les sciences de l'homme exige que la notion d'interprétation ne soit plus dépendante d'une problématique de la vérité et de l'erreur» (FEDIDA apud JUCQUOIS. 1986.b. 223).

3. Caractères du comparatisme.

C'est dans ce contexte d'un bouleversement épistémologique, sinon particulier aux sciences de l'homme qui leur est cependant plus essentiel, que doit se poser la question du comparatisme en tant que manière générale d'aborder les problèmes que soulève l'explication de l'être humain.

On a vu qu'il importait d'étudier simultanément l'objet observé et le sujet observateur, ainsi que l'ensemble des interrelations et interactions existantes entre eux, et cela par référence à un contexte socio-culturel et historique. On a vu également qu'il fallait que l'homme de science arrive à se distancier par rapport à sa pratique et à son propre comportement afin de mieux s'impliquer dans la démarche qu'il accomplit.

Toutes ces attitudes et tous ces comportements doivent à leur tour être analysés comme étant, notamment, l'expression d'un discours tenu à partir d'un certain lieu. C'est ce que nous appelons la topique[1].

L'analogie avec d'autres usages de ce terme, notamment en psychanalyse, et l'étymologie du mot pourraient faire croire que nous entendons par là soit un lieu fixe, une sorte de point de vue «touristique», duquel on admirerait un paysage, toujours le même, soit encore un ensemble de lieux, reliés et agencés entre eux.

Dans le contexte du comparatisme, il est préférable d'entendre la topique comme étant l'ensemble des caractéristiques, ou coordonnées, qui définissent le lieu d'où on tient tel propos ou encore d'où on interprète tel discours de telle manière.

On a vu que le comparatisme se définissait notamment par la capacité de décentration. Or, celle-ci ne peut, par essence, connaître ni frontière, ni limite. Mais comme l'interprétation requiert toujours au moins une relative recentration — sous peine de délirer —, il faudra donc, pour faire sens, même provisoire et local, se resituer. Le lieu où le sujet tente de faire sens, à l'émission ou à la réception, s'appelle la topique.

On voit qu'il s'agit d'un lieu complexe, résultante d'un ensemble de tracés souvent inachevés, parfois contradictoires, presque toujours mouvants, engendrant des perspectives nouvelles. C'est de ce lieu, dont il est sans doute impossible de préciser tous les constituants, que le discours se formule, dans sa cohérence momentanée et contingente, c'est, on le conçoit aisément, d'un lieu déjà différent qu'on l'interprétera, c'est d'un lieu encore différent qu'on en gardera, éventuellement, un souvenir, lui-même soumis à la fluctuation (Cf. aussi JUCQUOIS. 1986.c. 13).

Découvrir les diverses topiques d'où s'émettent des messages et celles d'où ils s'interprètent est la condition préliminaire à toute herméneutique. Ces points de vue qui étaient, qui sont encore souvent, connotés péjorativement comme étant subjectifs font, au contraire, partie intégrante, partie signifiante, du discours scientifique : «dis-moi d'où tu parles, je te dirai qui tu es»...

La distanciation nécessaire à la pratique scientifique, particulièrement dans les sciences humaines, n'est somme toute qu'une des composantes de la définition d'une topique comparative. Toute topique ne comporte pas cette variable, d'ailleurs composite puisqu'elle même soumise à la variance, mais elle reste indispensable au comparatisme.

---

[1] On constatera que notre définition de la topique s'écarte presque totalement de celle qui prévaut dans le freudisme. Pour FREUD, en effet, la topique est «une théorie selon laquelle l'appareil psychique se différencierait en un certain nombre de systèmes en interaction réciproque, dont il serait possible de donner une représentation figurée» (SILLAMY. 1980. 1191 s.v. «topique»).

Le comparatisme se situe ainsi aux antipodes du positivisme. Ce dernier représente finalement, sous prétexte d'objectivité et de scientificité, une situation d'aliénation pour l'homme de science. Privé du temps nécessaire à la réflexion, englué dans la seule production, il est dans une situation comparable à cet égard à celle de nombre de travailleurs manuels qui n'ont guère les moyens de réfléchir aux finalités de leur travail. Et en effet, le positivisme est bien cette philosophie, mais aussi cette idéologie, «où l'on pose la question comment, où l'on évite la question pourquoi» (SERRES. 1980. 120); c'est la philosophie qui est «rendue nécessaire par la situation du travailleur, du chercheur, de l'homme de la preuve ou du laboratoire» (Ibid.).

D'une certaine manière, la distanciation n'est pas nouvelle. En droit, par exemple, les pandectistes, juristes positivistes, ambitionnaient d'attribuer à chaque terme un sens clair et précis, l'interprétation n'étant plus finalement que l'addition de ces définitions. L'entreprise a fait long feu. Dépassant ce dogmatisme herméneutique, SAVIGNY proposa alors de s'inspirer des habitudes des historiens de la littérature selon lesquels l'oeuvre s'explique par les circonstances qui ont présidé à sa naissance, tendance juridique triomphante au début de ce siècle dans ce qu'on appela le téléologisme (VILLEY apud JUCQUOIS. 1986.b. 214). Selon ces juristes, l'interprétation doit rester vivante et créatrice : l'oeuvre du législateur est appelée à se poursuivre dans l'interprétation des juristes et dans le développement de la jurisprudence.

La même tendance se manifesta également dans les autres sciences de l'homme où l'habitude se prit, progressivement, de placer toute interprétation en contexte historique, culturel, social, politique, etc. La prise en compte d'un contexte, situationnel et linguistique, de plus en plus large, constitue un premier pas dans le sens d'une distanciation.

Toutefois, pour que celle-ci soit opérante et non simplement spéculative, encore faut-il qu'elle se produise avec le moins d'écart, spatial et temporel, possible de l'événement dont on se distancie. Il vaut mieux, en effet, prendre conscience d'une réalité au moment où elle survient, ou peu après, afin de pouvoir, le cas échéant et corriger son interprétation de la situation et modifier son comportement.

C'est ce que désigne le terme d'autoimplication que nous avons déjà utilisé à plusieurs reprises dans ces conférences. De la même manière qu'en psychothérapie, le patient doit apprendre à comprendre ses attitudes en fonction de sa situation concrète, culturelle, sociale, économique, etc., et aussi de sa propre histoire personnelle (RADO apud JUCQUOIS. 1986.b. 214), afin de se comporter à l'avenir d'une manière plus libre et plus indépendante, ainsi aussi s'agit-il en science d'intégrer les leçons d'une distanciation judicieuse et opérée à temps utile.

La distanciation à bon escient doit permettre également de mieux finaliser la recherche. Rappelons à ce sujet que les recherches en sciences de l'homme «ne pourront jamais se transformer en une sorte d'ingénierie sociale apte à produire des interventions miracles sur les contradictions de la société» (GODELIER. 1982. 29).

Il y a à cela deux raisons dont chacune devrait être suffisante. La première est que tout discours qui irait dans ce sens ne ferait qu'«engendrer ou entretenir des illusions qui <coûteraient> cher dans la pratique» (Ibid.).

La seconde serait qu'une telle pratique irait à contre-courant des recherches les plus novatrices dans le domaine des sciences de l'homme et de l'épistémologie contemporaine. Il n'empêche qu'une telle finalisation des sciences de l'homme reste une tentation dont on reparlera dans notre dernière conférence.

Par contre, la distanciation devrait permettre de réduire l'écart, sinon l'antinomie, non seulement entre les sujets observateurs et les objets observés, mais aussi entre chercheurs et commun des mortels. Tout d'abord par la prise de conscience des premiers qui ne peut qu'être bénéfique pour leur travail et pour la qualité de leur vie (GODELIER. Op. cit. 30), et ensuite parce que progressivement on pourrait espérer voir s'étendre à l'ensemble de la population cet esprit de saine curiosité et de critique sociale et personnelle.

Tout ceci suppose, bien entendu, tant sur le plan personnel que sur le plan collectif, la mise en oeuvre de processus de rééquilibration constants. La sociologie et la psychologie nous apprennent l'existence de ce que PIAGET (1967. 1140) appelait l'«équilibre mobile» qui se produit, par exemple, lorsqu'il y a compensation de perturbations extérieures.

On est donc en présence d'un processus complexe qui met constamment en oeuvre les activités de décentration vs. centration, de distanciation et d'interprétation, de finalisation et enfin de modélisation. Celle-ci, sous peine d'être non-signifiante, se doit d'être symboliquc, c'est-à-dire qu'elle ne pourrait légitimement s'appuyer que sur les relations élaborées entre les invariants (JUCQUOIS. 1986.c. 165 sq.).

Le comparatisme suppose à l'oeuvre une dialectique de la différence, manifestée par l'action des processus différenciateurs et des processus intégrateurs, pour autant qu'il faille distinguer les deux, autrement que du point de vue de l'exposé (Cf. aussi JUCQUOIS. 1986.c. 126). En effet, ce qu'il importe de mettre en évidence s'est la simultanéité fréquente de fonctionnement des deux processus dont l'expression scindée ne répond à rien d'autre qu'au deux termes de ce que MORIN et PIATTELLI-PALMARINI (1983. 209) appellent le paradigme de disjonction et dont nous avons parlé déjà auparavant.

4. Conclusion.

La méthode comparative débouche donc nécessairement sur un pluralisme herméneutique, lieu d'ouverture et de tolérance, lieu aussi de remise en cause et de (davantage de) prise de conscience.

Envisagé sous cet angle le phénomène humain apparaît comme étonnamment multiforme et bigarré. Les interprétations s'entrecroisent, voire s'excluent partiellement, dévoilant, non plus un chemin unique sur lequel l'humanité entière progresserait de la même manière, mais bien une multitude de voies à travers lesquelles se construit pourtant le sens de la destinée humaine.

Nous avons tenté, ailleurs (1986.b. 201), de rendre compte de ce cheminement complexe en le comparant à la structure du tissu nerveux «où les relations entre neurones s'établissent au-delà des axones en des prolongements inconstants et de nombre variable, les dendrites». Ces dernières s'achèvent par de nombreuses ramifications à travers lesquelles l'influx nerveux circule dans des voies diversifiées et relativement imprévisibles.

Le comparatisme rend la pensée interprétative possible. Celle-ci ne peut, en effet, intervenir qu'en présence d'une certaine latitude laissée à son action. Elle se situe, dès lors, au seul endroit qui lui convienne, à savoir à la croisée, provisoirement définie, des tensions qu'elle souligne et éclaire. Les exigences du comparatisme entraînent finalement que cette interprétation, si laborieusement mise sur pied, soit cependant remise, elle aussi, en cause au nom des mêmes principes épistémologiques[1].

Comme cette démarche inclut aussi le sujet observateur dans l'objet observé, mais également la patience et la tolérance envers le premier comme envers le second, rien n'interdira de reprendre des forces avant chaque marche en avant...

---

[1] C'est ce que nous avons appelé ailleurs une «interprétation suspensive», visant par là son caractère nécessairement inachevable ou interminable (JUCQUOIS. 1986.b. 235 q.). De là découle évidemment une remise en cause perpétuelle, mais aussi l'abandon et la renonciation progressive à l'illusion d'une explication totale et définitive, en même temps que la prise de conscience du caractère dangereux, voire mortifère, de ces explications globales et formelles ne laissant aucune remise en cause s'exercer aussi contre elles-mêmes, aucune perspective nouvelle qui donnerait pourtant un regain de sens éventuel à ceux qui sont en manque...

8. POURQUOI LE COMPARATISME ?

Résumé : Le comparatisme en insistant sur l'existence perpétuelle d'un Ailleurs et sur son irréductibilité à un hic et nunc donne pourtant à ce dernier le sens véritable qu'il doit avoir. Le relativisme herméneutique, qu'il suppose tout à la fois et qu'il engendre, signifie une augmentation de la prise de conscience et permet ainsi de dépasser le plan d'une morale pour atteindre à la dimension éthique et universelle. Véritable point de passage obligé pour les sciences de l'homme, il est également appelé à jouer un rôle primordial dans l'avenir de la science et des relations humaines.

Plan :

1. Introduction : Comparatisme et sens d'un ailleurs irréductible.

2. Le relativisme herméneutique : Augmentation de la prise de conscience. Une dimension éthique universelle.

3. Sciences de l'homme et avenir : Progrès scientifique et amélioration des relations humaines.

*   *

*

1. Introduction.

Il est bien connu que le progrès scientifique n'a jamais pu se réaliser que dans une lutte incessante que les hommes de science ont dû livrer et contre eux-mêmes et contre leur entourage ou leurs contemporains.

Pour comprendre leurs combats, leurs incertitudes et leurs découragements, il faut se placer, non rétrospectivement, comme nous le faisons spontanément, mais avant que leurs découvertes ne soient réalisées et acceptées ou mises en oeuvre.

Ces pionniers ont dû faire preuve de courage et d'imagination, sinon de témérité, voire d'héroïsme, car, «pour se lancer dans leur entreprise, ils durent se battre contre les 'faits' admis de tous, contre les dogmes des lettrés» (BOORSTIN. 1986. 5). Rappelons-nous, pour nous borner à quelques exemples, les illusions dont vivait le monde scientifique au sujet de la terre avant COLOMB, MAGELLAN ou COOK, ou celles sur le ciel avant la révolution copernicienne, ou celles sur notre propre corps avant VESALE ou HARVEY...

Le progrès scientifique introduit, semble-t-il, toujours une rupture d'avec ce qui le précède, ou plutôt il introduit une rupture moins entre l'opinion commune des non-spécialistes et ce qu'il révèle, qu'entre ce qu'il révèle et l'opinion commune des spécialistes.

Plus particulièrement, dans le domaine des sciences de l'homme, dans la mesure où ceux qui les pratiquent participent eux aussi à l'idéologie dominante de leur groupe et de leur époque, il y a tout lieu de craindre une éventuelle connivence d'un savoir conforme à cette idéologie et du sens commun. Le progrès, pour se réaliser et se communiquer, devra donc résoudre la difficile question d'une mise à distance par rapport à un savoir déjà antérieur, mais encore présent, et celle des moyens d'une prise de conscience.

Cette démarcation du véritable esprit scientifique par rapport au sens commun, toujours soit dévoyé, soit en retard, est sans doute — nous le rappelions, en débutant, grâce à quelques exemples — un trait inhérent à toute démarche novatrice par rapport à la tradition, aussi gardienne et sauvegarde du groupe.

A l'époque contemporaine, cependant, cette rupture est la marque caractéristique des lieux les plus signifiants dans le domaine des sciences de l'homme et constitue, de ce fait, la marque éventuelle — évidemment non suffisante à elle seule ! — de la modernité d'une pensée (BACHELARD. 1980. 207).

Si cette rupture est devenue nécessaire dans le domaine des sciences de l'homme, elle est en même temps devenue peut-être plus aisée. La raison résiderait, non dans une plus grande lucidité naturelle de nos contemporains — encore qu'il ne faille pas tenir pour nulle ni même minimiser l'influence exercée sur les mentalités par des pratiques et des méthodes d'analyse qui incitent à la distanciation et à une herméneutique d'ouverture —, mais dans la déception générale dans laquelle semble vivre notre fin de siècle.

Le malaise dont souffre le monde contemporain (LEFEBVRE. 1970. 180) est sans doute moins dû aux déceptions d'une société de consommation, qui ne respecte pas (toutes) ses promesses, qu'à la faillite de tout ce qui, auparavant, donnait des certitudes. Que celles-ci fussent fausses, illusoires ou seulement partielles est relativement sans effet : telles qu'elles étaient, ces certitudes religieuses ou culturelles, scientifiques ou politiques, colmataient l'angoisse et bâillonnaient les questionneurs, appelés jadis hérétiques.

Les certitudes se sont envolées, reste l'angoisse. L'ancien savoir total et global, acquis définitivement, a fait place à des cascades d'interrogations. En voulant éliminer le dogmatisme, la société contemporaine risque de jeter l'enfant avec l'eau du bain...

Il faut donc reprendre les choses au départ. De la même manière que les géométries non-euclidiennes n'ont pas rendu caduque celle qui les précédait, de même aussi que la mécanique classique n'est pas périmée, purement et simplement, par la physique quantique ou par la théorie de la relativité, ainsi en va-t-il également pour les sciences de l'homme.

Nombre de données des sciences traditionnelles s'intègrent parfaitement aussi dans une vision plus contemporaine. C'est l'agencement des faits entre eux et l'interprétation nouvelle qui en fut proposée qui constitua ce qu'il y eut de proprement novateur dans l'analyse entreprise, par exemple, par le marxisme ou par le freudisme. Le comparatisme s'inscrit dans cette lignée[1].

Il tente ainsi de faire problème, c'est-à-dire de donner sens, par d'incessantes confrontations entre différentes topiques. Le comparatisme est accueil à l'altérité, accueil aussi, et étonnement, devant l'inattendu. Il ne peut donc se réduire à une méthode, applicable en toutes situations, recettes miracles supposant la décentration, l'ouverture, la souplesse, l'implication personnelle, le tout sans effort autre qu'une adhésion initiale et de principe.

Si nous avons parlé de «méthode», ce n'a jamais été dans le sens restrictif et réducteur de règles formelles exécutables quasi-mécaniquement. Dans ce sens restreint, répétons-le, il n'y a pas, il ne peut y avoir, de méthode comparative[2]. Le comparatisme est avant tout le sens d'un

---

[1] Peu importe le terme, la pratique scientifique que nous proposons sous celui de «comparatisme» se retrouve éventuellement, au moins en partie, sous d'autres étiquettes. Ainsi, par exemple, nous ne pouvons que souscrire et souligner la proximité des points de vue entre les positions que nous défendons et celles qu'exprime LEFEBVRE dans son *Manifeste différentialiste* (1970. 186) : «La pensée différentialiste *n'est pas une méthode* si l'on entend par ce mot la démarche d'une pensée détachée de son 'objet', le cherchant dans un espace vide ou construisant cet 'objet' selon des exigences généralement mal explicitées. Et cependant *oui*, si l'on entend par là une manière de relier le proche et le lointain, le voisinage et l'ailleurs, l'actuel et l'utopique, le possible et l'impossible... La méthode, c'est de *rassembler* pour *situer;* elle rapproche ce qui sépare; par contre, elle écarte ce qui se rapproche exagérément et discerne ce qui tend vers la confusion».

[2] La grammaire comparée semble constituer une exception à cette affirmation de portée générale. En réalité, il est clair qu'une démarche comparative ne peut indûment apporter de la complexité là où il n'y en a pas : la comparaison de deux objets parfaitement identiques ne nous apprendra rien d'autre que leur éventuelle multiplicité (du moins si on fait abstraction des controverses, remontant à l'Antiquité, sur l'un et le semblable : ainsi, peut-il exister deux objets identiques, etc.). En l'occurrence, comme nous l'avons expliqué lors de conférences précédentes, la grammaire comparée n'atteint la rigueur qui est la sienne que parce qu'elle est le résultat de la comparaison de codes et aussi parce qu'elle est largement

«ailleurs» ou celui d'un «autrement» : le comparatisme n'est donc jamais une méthode supplémentaire qui pourrait s'ajouter, pour celui que l'aventure tente ou que l'expérience intéresse, à des méthodes préexistantes.

En effet, son rôle est à la fois plus modeste et plus fondamental : plus modeste, car le comparatisme ne peut proposer de règles rigoureuses assurant du chemin à parcourir, plus fondamental cependant dans la mesure où il instaure l'obligation éthique et scientifique d'un point de vue plus complexe, pluriel et tolérant. Sa tâche est «seulement de confrontation et de complémentarité, de vérification réciproque aussi» (MARINO. 1988. 23).

Le savoir qui peut résulter d'une telle démarche ne se constitue pas d'un ensemble de théories cohérentes, de mieux en mieux adaptées entre elles et avec la réalité, marche solennelle vers la Vérité de lendemains qui chantent. Le savant et l'homme tout court doivent renoncer à de semblables illusions dont le prix se révèle toujours extrêmement lourd à payer.

Le comparatisme montre que nos connaissances sur l'homme, peut-être même l'ensemble des connaissances, sont plutôt à comparer à «un océan toujours plus vaste d'alternatives mutuellement incompatibles (et peut-être même incommensurables); chaque théorie singulière, chaque conte de fées, chaque mythe faisant partie de la collection force les autres à une plus grande souplesse, tous contribuant par le biais de cette rivalité, au développement de notre conscience» (FEYERABEND. 1979. 27).

L'identité de point de vue entre ce que FEYERABEND, notamment, propose comme épistémologie générale et ce que nous écrivons à propos du comparatisme provient simplement de ce que des deux côtés on récuse la légitimité des frontières entre les disciplines et de ce que des deux côtés également on s'en tienne à la nécessité d'une herméneutique plurielle.

2. Le relativisme herméneutique.

L'histoire du relativisme herméneutique remonte, si on fait abstraction de la première sophistique, à l'époque de la Renaissance. Généralement, on crédite principalement cette période pour sa nouvelle vision de la nature. Ce n'est que partiellement vrai, car la sensibilité qui se fait jour à l'époque repose plutôt sur la découverte de l'humanité.

---

simplificatrice du réel puisque, dans cette discipline, la comparaison consiste à expliquer des situations codales complexes par héritage d'une situation antérieure reconstruite et partant plus simple. Il y a donc dans cette apparente rigueur une part due au fait que ces comparatistes travaillent sur des comparaisons de codes et une autre part due au fait que leur comparaison est nécessairement simplification, d'où une rigueur d'ailleurs largement illusoire. Les travaux plus récents, par exemple dans le domaine de la comparaison des institutions indo-européennes (BENVENISTE, DUMEZIL, BADER, etc.) dévoilent une toute autre complexité... !

Découverte complexe que celle-là, résultat du choc des grandes découvertes géographiques. La découverte de l'Autre, la découverte de tant de différences et simultanément la découverte de tant de similitudes contraint à repenser complètement l'homme. L'étonnement et l'émerveillement, mais aussi l'angoisse et la culpabilité, sinon l'envie et l'agressivité qui en découlent «sont le point de départ d'une philosophie nouvelle, car elle ne peut s'appuyer sur des précédents, ni se contenter d'appliquer purement et simplement les dogmes et théories existants» (GUSDORF. 1967. 469).

Cependant, l'homme moderne resta longtemps, souvent même jusqu'à nos jours, entravé dans la découverte des conséquences de cet humanisme. La raison en est sans doute que le remplacement du Sujet transcendantal par le sujet collectif en face du sujet empirique et individué fut longtemps perçu comme sacrilège, même par des esprits devenus entre-temps agnostiques ou athées.

C'est l'explication que donne GOLDMANN (1970. 334) lorsqu'il écrit que «le concept de Sujet transcendantal est né du besoin de concilier l'affirmation que c'est l'homme qui construit le monde et surtout les catégories qui structurent la perception et la pensée scientifique, avec le fait que le moi empirique n'a de toute évidence construit ni le monde qu'il a en face de lui ni les catégories scientifiques et perceptives par lesquelles il l'appréhende».

Prendre conscience du rôle de ce sujet collectif, l'objet des sciences de l'homme, prendre conscience, simultanément, des interactions et interrelations du sujet observateur par rapport à cet objet, ouvre la porte à davantage d'auto-implication. Il ne s'agit évidemment pas de se vivre en tant que sauveur ou libérateur d'une humanité, jusqu'alors condamnée à l'esclavage et à l'obscurantisme. Simplement, la prise en charge de ces réalités complexes permet de mieux objectiver le monde et assure, dès lors, de meilleures chances à davantage de liberté (BOURDIEU. 1984. 16).

La prise de conscience, y compris celle de sa propre conscience, suppose un détachement rarement spontané. On conçoit que les résistances redoublent d'intensité lorsque le sujet prétend appliquer sur lui-même une analyse véritablement décapante.

Aussi, une authentique auto-analyse reste-t-elle rare. On discute encore sur la valeur et la portée de celle qu'entreprit, par exemple, FREUD. Lorsqu'on est membre d'un groupe, la pratique d'une socio-analyse de ce groupe reste délicate. BOURDIEU (1984. 16 et passim) paraît y avoir réussi dans l'analyse de ce qu'il appelle l'*homo academicus*. GOLDMANN (1970. 220 - 226) également dans l'application au marxisme de la méthode d'analyse marxiste.

Ce dernier auteur constate cependant que si, la méthode marxiste a «souvent été appliquée de manière fructueuse aux sujets les plus divers», elle n'a cependant «presque jamais été utilisée dans les études portant sur l'histoire de la pensée marxiste elle-même» (Op. cit. 222)[1]. Il ne s'agit évidemment pas là d'un hasard, mais bien d'une stratégie d'évitement.

S'il apparaît aussi difficile de prendre conscience de cette dimension de la connaissance qui résiste perpétuellement au sens, c'est parce que la science est inéluctablement culturelle, en sorte que les résistances développées varient selon les époques et les cultures. C'est ce qui explique, par exemple, que la science moderne ne se soit pas développée initialement en Chine, mais bien en Occident, alors que la Chine était pourtant «particulièrement bien placée pour devenir le berceau des sciences et des techniques modernes» (PRIGOGINE. 1988. 129)[2].

Peut-être pouvons-nous espérer progresser vers une vision scientifique, sinon plus cohérente et synthétique, du moins plus unifiante et dans laquelle «notre description de l'univers et notre expérience existentielle converge<raie>nt à nouveau», rêve que caresse Karl POPPER lorsqu'il affirme que «le but est un tableau du monde dans lequel il y ait de la place pour les phénomènes biologiques, pour la liberté humaine, et pour la raison humaine» (Apud IDEM. 132) ?

A notre époque, l'augmentation escomptée d'une progressive prise de conscience nous contraint aussi à reconsidérer certains aspects de l'efficacité des sciences de l'homme. En effet, les interactions et inter-relations, de même que l'interchangeabilité de l'un et de l'autre, entre le sujet observateur et l'objet observé, posent désormais la redoutable question de la relation entre des jugements de fait et des jugements de valeur, forcément auto-implicatifs. Ne pas distinguer l'un de l'autre aboutit à une confusion fréquemment reprochée à MARX, par exemple, «d'avoir mélangé la constatation de ce qui est à l'affirmation de ce qui doit être» (GOLDMANN. 1970. 332).

En fait, cette accusation rejoint ce que nous disions, il y a quelques instants, au sujet de la nécessité d'appliquer également au sujet la méthode d'analyse proposée pour l'objet. Plus fondamentalement, il y a là une

---

[1] Retenons la leçon : la critique comparative implique, elle aussi, comme toute épistémologie, selon nous, d'inclure ses propres présupposés et sa propre démarche dans la critique qu'elle développe et dans la méthodologie qu'elle propose. Précisons encore que ce que nous entendons par *sa* propre critique ne signifie nullement et uniquement sa seule *auto-critique*. Il nous paraît indispensable que toute pensée se soumette non seulement et régulièrement à son propre jugement, mais aussi à celui des autres.

[2] C'est la fameuse question posée par Joseph NEEDHAM (Apud PRIGOGINE. Loc. cit.). Si la question est claire, tant pour la Chine que pour l'Occident, les réponses à donner sont loin d'être évidentes... On a tenté d'expliquer le contraste développemental entre ces deux régions du monde par le fait que la Chine aurait connu une organisation bureaucratique étouffante tandis que l'Occident aurait postulé un Dieu législateur souverain. — Sur la relation entre une idéologie idéaliste et l'avènement de la pensée scientifique occidentale, nous nous permettons de renvoyer à un prochain volume sur *Les modèles de l'homme*.

exigence éthique, autant que scientifique, d'ouverture à l'Autre. L'homme doit prendre peu à peu l'habitude de ne plus se refermer et se recentrer sur lui-même et sur son groupe, mais de se convertir à ce type d'homme «qui, refusant à la fois la dissolution et le fixisme, tendrait à se montrer comme mouvement ouvert» (MOREL. 1977. 387).

Refuser ce lien fondamental entre éthique et connaissance scientifique, c'est refuser du même coup un certain type de rapport aux choses et aux hommes, c'est aussi, généralement, asservir, prétendument pour leur bien et pour la satisfaction de la raison, les derniers aux premières. D'ailleurs, ne pourrait-on affirmer que la crise et le malaise actuels découlent essentiellement d'un refus obstiné de prendre en compte cette interdépendance de la raison et de la liberté, de l'éthique et de la connaissance[1] ?

Pour les mêmes raisons, l'éthique doit éclairer les chemins de la connaissance et celle-ci doit prendre pour objet un approfondissement de l'éthique, l'une et l'autre démarche n'étant pas confiées à des individus distincts, mais devant, au contraire, se vivre dans l'intimité de chacun.

Nous sommes donc appelés, selon l'expression imagée d'Edgar MORIN (1982. 82), non seulement à «vivre et <à> assumer un polythéisme des valeurs», mais, pensons-nous, à y trouver des formes de bonheur et d'épanouissement plus achevées.

Il s'agit bien de passer d'un polythéisme inconscient, «où le chercheur qui obéit dans son labo à l'éthique de la connaissance se mute brusquement, hors labo, en amant jaloux, époux égoïste, père brutal, chauffeur hystérique, citoyen borné, et se satisfait politiquement d'affirmations qu'il rejetterait avec mépris si elles concernaient son champ professionnel» (Ibid.).

La véritable efficacité pour les sciences de l'homme ne réside-t-elle pas dans l'aide qu'elles devraient pouvoir apporter, à ceux qui les pratiquent et à tous les autres auxquels elles sont destinées, dans le passage conscient d'une pseudo-connaissance qui réifie l'homme à une conscience qui s'ouvre aux dimensions du monde ?

On a régulièrement proposé, les dernières décennies, de confier une sorte de directoire moral à un groupe de savants de renom qui aideraient de leurs conseils les dirigeants politiques[2]. C'est méconnaître certains

---

[1] Cf. aussi MOREL (1977. 366 sq.).

[2] Ainsi, tout récemment encore, Jérome KARLE (1988. 101) : «Je dirai qu'un grand nombre de scientifiques, sans doute la majorité, sont aussi des humanistes. Une coalition de scientifiques et d'humanistes pourrait constituer une puissante force morale et éthique. Il faut également des individus influents qui puissent servir de lien avec les gouvernements. Une assemblée qui pourrait éventuellement être utilisée pour faciliter les contacts avec les gouvernements est le Groupe d'interaction, composé d'anciens chefs d'Etat. Les conseils de psychologues comportementaux seraient également utiles. Surmonter les tendances humaines aux comportements destructifs et violents : voilà la question centrale à résoudre». —

éléments : pour quelles raisons les politiciens se détacheraient soudainement d'un pouvoir, d'ailleurs plus complexe et contingent qu'il n'y paraît, pourquoi suivraient-ils les conseils de savants dont ils constateraient — nous venons de le rappeler — l'immaturité et l'incompétence, selon quels procédés ces savants de renom ont-ils acquis réputation et pouvoir et qu'ont-ils fait de ceux-ci, enfin à supposer résolues toutes ces interrogations, comment les décisions qui seraient prises par ce directoire seraient elles mises en pratique : d'une manière autoritaire ou par persuasion et propagande... ? De plus, l'histoire révèle de façon éclatante combien de destructions et de malheurs ont été engendrés par des hommes certains de détenir la vérité et d'avoir Dieu, le seul Dieu possible, avec eux...!

3. Sciences de l'homme et avenir.

Il nous faut donc revenir aux conditions de travail spécifiques aux sciences de l'homme. On sait combien l'interdépendance entre le sujet observateur et l'objet observé doit être présente constamment à l'esprit. Il faut inlassablement s'en ressouvenir sous peine de confondre les jugements de fait et les jugements de valeur et, par conséquent, de présenter les seconds pour les premiers et donc de prendre les sujets pour des objets.

Le malaise actuel, qui, à des titres divers, atteint le monde entier, ne pourra sans doute être dépassé que si l'humanité, dans son ensemble, c'est-à-dire aussi chacun de nous, prend conscience des véritables enjeux des sciences de l'homme. On peut espérer, à l'instar de Christian de DUVE (1988. 111), que «l'homme <qui> a su, jusqu'à présent, par son intelligence, son ingéniosité, sa ténacité et son dynamisme s'adapter à toutes les situations les plus critiques, les plus extrêmes», se révélera capable une nouvelle fois de relever le défi.

Plus et autrement que dans les sciences expérimentales, les sciences de l'homme doivent donc se prendre elles-mêmes aussi comme objet de leur réflexion et revenir inlassablement sur ces mêmes questions et sur les implications pratiques que cette réflexion entraîne (BOURDIEU. 1980. 7). Cette prise en charge ne peut être confiée à d'autres spécialistes, philosophes, épistémologues ou historiens des sciences, elle appartient, de plein droit et par nécessité, non seulement aux spécialistes des sciences de l'homme, mais à l'ensemble de l'humanité.

Sans doute, mais l'expérience a montré, d'une manière constante, qu'il ne s'agissait pas là d'un simple problème technique dont la solution serait trouvée et appliquée avec garantie de succès. Au contraire, l'évolution de la planète durant ce siècle tend à démontrer l'inefficacité foncière de connaissances techniques ou scientifiques qui ne sont pas «transmutées» par une éthique humaniste.
Une expérience, récente également, a été entreprise par WEBER (1988. éd. passim) qui a réuni des hommes de science et des esprits religieux ou simplement spirituels sur un mode dialogique.

Cela impose encore beaucoup de modestie à la démarche scientifique. S'il lui faut, en effet, affronter les résistances au sens qui nous traversent et nous structurent, elle ne peut y parvenir que progressivement[1], pas à pas, en prenant le temps nécessaire pour que ces résistances s'estompent et en usant d'un langage prudent, dicté autant par le coeur que par l'esprit, si tant est qu'il faille encore à ce point maintenir cette antique distinction.

CASTANEDA (Apud SCHNEEBAUM. 1971. 7) nous rapporte les paroles d'un vieux sorcier indien qu'il a connu et dont il fut le disciple. Nous nous permettons de les citer en terminant :

«Considère attentivement et sans te presser tous les chemins qui s'offrent à toi. Engage-toi dans chacun de ces chemins autant de fois que tu le jugeras nécessaire. Ensuite pose-toi une question — mais ne la pose qu'à toi-même. C'est d'ailleurs une question que seul un très vieil homme peut se poser. Mon bienfaiteur un jour me l'a posée, alors que j'étais jeune, mais mon sang était trop vif encore pour que je pusse la comprendre. Aujourd'hui enfin je la comprends. Je vais te dire quelle est cette question. Ce chemin que tu considères a-t-il un coeur ? Tous les chemins sont pareils : ils ne mènent nulle part. Ils traversent la brousse ou aboutissent à la brousse. Au cours de mon existence j'ai longuement cheminé, mais je ne suis nulle part. La question de mon bienfaiteur maintenant signifie pour moi quelque chose. Ce chemin a-t-il un coeur ? S'il a un coeur, c'est un bon chemin; s'il n'en a pas, il ne sert à rien. Ni le bon ni le mauvais chemin ne mènent nulle part, mais l'un a un coeur et l'autre n'en a pas. L'un rend le voyage agréable; aussi longtemps que tu le suis, tu fais corps avec lui. L'autre te fait maudire ta vie. L'un te rend fort et l'autre t'affaiblit».

Je vous remercie pour ce bout de route parcouru ensemble.

---

[1] C'est ce que propose également BOURDIEU (1984. 44 sq.) à propos du discours en science sociale : «tout discours à prétention scientifique sur le monde social doit compter avec l'état des représentations concernant la scientificité et des normes qu'il doit pratiquement respecter pour produire l'*effet de science* et atteindre par là à l'efficacité symbolique et aux profits sociaux associés à la conformité aux formes extérieures de la science. C'est ainsi qu'il est voué à être situé dans l'espace des discours possibles sur le monde social et à recevoir une part de ses propriétés de la relation objective qui l'unit à eux, notamment à leur style, et à l'intérieur de laquelle se définit, de manière grandement indépendante des volontés et des consciences des auteurs, sa *valeur sociale,* son statut de science, de fiction ou de fiction de science». Nous avions développé la même idée dans un article paru il y a une dizaine d'années : *La notion de 'système économique' et la rupture communicationnelle,* dans Cahiers de l'Institut de Linguistique de Louvain, t. 5.3 (1977), 113 - 124, particulièrement pp. 122 - 123.
Il est clair que, plus les résistances auront été levées, plus objectives seront les représentations et plus efficace le discours acceptable. Il importe donc de travailler à diminuer les résistances en nous et dans nos propres sociétés, quoi qu'on sache pourtant que ce travail est proprement inachevable...

BIBLIOGRAPHIE

AKOUN. André. 1984 Le siècle des Lumières, dans CAZENEUVE. éd. 346-358.

AKOUN. André. 1984 Démocratie et totalitarisme, dans CAZENEUVE. éd. 453-462.

AMIEUX. M.C. et CARRINO. L. 1978 Enfance. Les processus de socialisation, dans Encycl. Univers. t.6. 223-225.

ANCEL. Marc. 1966 Méthode comparative et droit comparé, dans Mélanges L. Frédéricq. t. 1. 67-81.

ANCEL. Marc. 1971 Utilité et méthodes du droit comparé. Neuchâtel.

ATIAS. Christian. 1985 Epistémologie juridique. Paris.

ATLAN. Henri. 1986 A tort et à raison: intercritique de la science et du mythe. Paris.

AUBENQUE. Pierre. 1972 Le problème de l'être chez Aristote. Essai sur la problématique aristotélicienne. Paris.

AUBENQUE. Pierre. 1977 Antique (philosophie), dans Encycl. Univers. t.2. 109-115.

BACHELARD. Gaston. 1980 Le matérialisme rationnel. Paris.

BAECHLER. Jean. 1985 Démocraties. Paris.

BAREL. Yves. 1987 La quête du sens. Comment l'esprit vient à la Cité. Paris.

BARRACLOUGH. Geoffrey. 1978 L'histoire, dans HAVET. éd. a 249-528.

BAUDONNIERE. Pierre-Marie. 1988 L'évolution des compétences à communiquer chez l'enfant. Paris.

BEAUMARCHAIS. de. et al. éd. 1984 Dictionnaire des littératures de langue française. t.3. Paris.

BEHEYDT. Ludo. 1979 Variatie in taalaanbod. Een sociolinguistisch onderzoek van de primaire socializatie in West-Vlaanderen. Winksele.

BERHNHARDT. Jean. 1972 La pensée présocratique : de Thalès aux Sophistes, dans CHATELET. éd. 23-71.

BERMAN. Antoine. 1984 Traduction ethnocentrique et traduction hypertextuelle, dans L'écrit du temps, n° 7. 109-123

BIEGALSKI. Christian. éd. 1978 Les intellectuels: la pensée anticipatrice. Paris.

BIRO. A. et PASSERON. R. éd. 1982 Dictionnaire général du surréalisme et de ses environs. Paris.

BOORSTIN. Daniel. 1986 Les découvreurs. Paris.

BOURDIEU. Pierre. 1980 Le sens pratique. Paris.

BOURDIEU. Pierre. 1984 Homo academicus. Paris.

BOWER. T.G.R. 1978 Le développement psychologique de la première enfance. Bruxelles.

BRAMAUD. Geneviève. et al. 1970 Le comportement verbal. Etudes théoriques et expérimentales des processus d'acquisition et de mémorisation. Paris.

BRAUDEL. Fernand. 1986 Interventions, dans PAQUET. éd.

BREHIER. Emile. 1985 Histoire de la philosophie, t.1 : Antiquité et Moyen Age. Paris.

BRONCKART.J.P., KAIL. M. et al 1983 Psycholinguistique de l'enfant. Recherches sur l'acquisition du langage. Neuchâtel-Paris.

BRUNSCHWIG. Jacques. 1986 Platon, «La République», dans CHATELET, DUHAMEL et PISIER. éd. 638-652.

BURDEAU. Georges. 1980 Traité de science politique. t.1.1: Présentation de l'univers politique. Paris.

BURGUIERE. André. 1986 Avant-propos, dans BURGUIERE. éd. vii-ix.

BURGUIERE. André. éd. 1986 Dictionnaire des sciences historiques. Paris.

CASSIN. Barbara. 1986 Du faux ou du mensonge à la fiction (de pseudos à plasma), dans CASSIN. éd. 3-29.

CASSIN. Barbara. éd. 1986 Le plaisir de parler. Etudes de sophistique comparée. Paris.

CAZENEUVE. JEAN. 1978 Evolutionnisme culturel et social, dans Encyclop. Univers. t. 6. 829-831.

CAZENEUVE. Jean. éd. 1984 Histoire des dieux, des sociétés et des hommes. Paris.

CHATELET. François. 1965 Platon. Paris.

CHATELET. François. 1972 Platon, dans CHATELET. éd. 72-136.

CHATELET. François. éd. 1972 Histoire de la philosophie. t.1: La philosophie païenne du VIe siècle avant J.C. au IIIe siècle après J.C. Paris.

CHATELET. François. 1978 L'idéologie de la Cité grecque, dans CHATELET et MAIRET. éd. 159-180.

CHATELET. F. et MAIRET. G. éd. 1978 Histoire des idéologies, t.3 : Savoir et pouvoir du XVIIIe au XXe siècles. Paris.

CHATELET. F. et MAIRET. G. éd. 1978 Histoire des idéologies, t.1 : Les mondes divins jusqu'au VIIIe siècle de notre ère. Paris.

CHATELET, DUHAMEL et PISIER.éd 1986 Dictionnaire des oeuvres politiques. Paris.

CHEVALIER. Jean-Jacques. 1979 Histoire de la pensée politique. t.1. Paris.

CLOUTIER. R. et DELIEGE. M. 1981 Activités cognitives: représentations sociales, dans RONDAL et HURTIG. éd. 419-424.

COLOMB. Christophe. 1980 La découverte de l'Amérique. t.1: Journal de bord (1492-1493). Edit. par M. Lequenne. Paris.

COMPAGNON. Antoine. 1986 Martyre et résurrection de Sainte Rhétorique, dans CASSIN. éd. c. 157-172.

CONFERENCE... 1988 Conférence des lauréats du Prix Nobel. Promesses et menaces à l'aube du XXIe siècle. Paris.

DELUMEAU. Jean. 1984 La civilisation de la Renaissance. Paris.

DEMOUGIN. Jacques. éd. 1985 Dictionnaire de la littérature française et francophone. t.3. Paris.

DESCARTES. René. 1949 Oeuvres et lettres. Edit. et prés. par A. Bridoux. Paris.

DESCARTES. René. 1967 Discours de la méthode. Texte et commentaire par E. Gilson. Paris.

DUMOULIN. O. 1986 Historicisme, dans BURGUIERE. éd. 329-330.

DUMOULIN. O. 1986 Comparée (histoire), dans BURGUIERE. éd. 151-152.

DUVE. Christian de. 1988 Intervention, dans CONFERENCE... 1988.

ELLEINSTEIN. Jean. et al. 1984 Histoire mondiale des socialismes, t.1 : Des origines à 1851. Paris.

ELTHEN. Paul. 1978 Les sophistes et Platon, dans BIEGALSKI. éd. 23-46.

ETIEMBLE. R. 1978 Littérature comparée, dans Encyclopaedia Universalis. t.10. 10-14.

ETIEMBLE. R. 1978 L'approche comparatiste, dans HAVET. éd. a. 629-638.

FARIOLI. Fernand. 1983 Comprendre une phrase avec pronom ou identifier une coréférence, dans BRONCKART, KAIL et al. 155-161.

FAUCHEUX. C. et MOSCOVICI. éd. 1971 Psychologie sociale théorique et expérimentale. Paris-La Haye.

FESTINGER. Léon. 1971 Théorie des processus de comparaison sociale, dans FAUCHEUX et MOSCOVICI. éd. 77-104.

FEYERABEND. Paul. 1979 Contre la méthode : esquisse d'une théorie anarchiste de la connaissance. Paris.

FOREST. Robert. 1986 Les structures de Babel, dans GUILLAUME. éd. 318-327.

FOUCAULT. Michel. 1966 Les mots et les choses. Une archéologie des sciences humaines. Paris.

FRANCK. Robert. 1977 Le savoir et les opinions, dans ROSE. et al. 243-264.

FRANCOIS. Frédéric. et al. 1984 Conduites linguistiques chez le jeune enfant. Paris.

FREEDMAN. Maurice. 1978 L'anthropologie sociale et culturelle, dans HAVET. éd. a. 3-193.

FRIEDMAN. Samy. 1971 Avertissement, dans HAVET. éd. xxxi-lii.

GODECHOT. Jacques. 1982 Le siècle des Lumières, dans GROUSSET. R. et LEONARD. E. éd. t.3. 225-475.

GODELIER. Maurice. 1982 Rapport général, dans GODELIER. éd. 7-90.

GODELIER. Maurice. éd. 1982 Les sciences de l'homme et de la société en France: analyse et propositions pour une politique nouvelle. Paris.

GOLDMANN. Lucien. 1970 Marxisme et sciences humaines. Paris.

GRAWITZ. M. et LECA. J. éd. 1985 Traité de science politique. t.2: Les régimes politiques contemporains. Paris.

GROSSER. Alfred. 1969 Au nom de quoi ? Fondements d'une morale politique. Paris.

GROUSSET. R. et LEONARD. E. éd. 1982 Histoire universelle, t.3 : de la Réforme à nos jours. Paris.

GRUNIG. Blanche-Noëlle. 1982 Rapport sur la linguistique, dans GODELIER. éd. 421-446.

GUELFI. Julien Daniel. et al. 1987 Psychiatrie. Paris.

GUICHARD-MEILI. Jean. éd. 1985 Ils ont parlé de nous! Textes recueillis... Paris.

GUILLAUME. Marc. 1986 Avant-propos, dans GUILLAUME. éd. 4-6.

GUILLAUME. Marc. éd. 1986 L'état des sciences sociales en France. Paris.

GUSDORF. Georges. 1967 Les sciences humaines et la pensée occidentale, t.2 : Les origines des sciences humaines. Paris.

GUSDORF. Georges. 1978 Les sciences humaines et la pensée occidentale, t.8 : La conscience révolutionnaire, les idéologues. Paris.

GUSDORF. Georges. 1985 Les sciences humaines et la pensée occidentale, t.12 : Le savoir romantique de la nature. Paris.

GUTHRIE. W.K.C. 1969 A History of Greek Philosophy. t.3 : The Fifth-Century Enlightenment. Cambridge.

GUYENOT. Emile. 1957 Les sciences de la vie aux XVIIe et XVIIIe siècles. L'idée d'évolution. Paris.

HAVET. Jacques. éd. 1971 Tendances principales de la recherche dans les sciences sociales et humaines. t.1: Sciences sociales. Paris.

HAVET. Jacques. éd. 1978a Tendances principales de la recherche dans les sciences sociales et humaines. t.2.1. Paris.

HAVET. Jacques. éd. 1978b Tendances principales de la recherche dans les sciences sociales et humaines. t.2.2. Paris.

HERSKOVITS. Melville J. 1967 Les bases de l'anthropologie culturelle. Paris.

JACOB. François. 1970 La logique du vivant : une histoire de l'hérédité. Paris.

JUCQUOIS. Guy. 1986a De l'égocentrisme à l'ethnocentrisme ou les illusions de la bonne conscience linguistique. Leuven.

JUCQUOIS. Guy. 1986b La cohérence interprétative. Aspects anthropologiques de quelques notions philologiques, dans Cah. Inst. Ling. de Louvain. 12.1-2. 183-248.

JUCQUOIS. Guy. 1986c Analyse du langage et perception culturelle du changement. Leuven.

JUCQUOIS. Guy. 1988 Normes et échelles de valeurs dans les relations intra- et transculturelles (2), dans Langage et l'homme, 127-133.

JUCQUOIS. Guy. 1989a Le comparatisme. t.1. Généalogie d'une méthode. Leuven.

JUCQUOIS. Guy. 1989b Recherches sur les fondements du comparatisme. A paraître dans les Actes de la SILF.

KAIL. Michèle. 1984 La coréférence des pronoms: pertinence de la stratégie des fonctions parallèles, dans BRONCKART, KAIL et al. 107-122.

KARLE. Jérome. 1988 Intervention, dans CONFERENCE... 1988.

KNAPP. Viktor. 1978. La science juridique, dans HAVET. éd.b. 967-1124.

KOKKINI-IATRIDOU. D. 1986 Some Methodological Aspects of Comparative Law. dans Netherl.Intern.Law Review. t.33. 143-194.

KOURGANOFF. Vladimir. 1965 La recherche scientifique. Paris.

KREMER-MARIETTI. Angèle. 1978 Lacan ou la rhétorique de l'inconscient. Paris.

LACAN. Jacques. 1974 Télévision. Paris.

LAKATOS. Imre. 1984 Preuves et réfutations. Essai sur la logique de la découverte mathématique. Paris.

LALANDE. André. éd. 1976 Vocabulaire technique et critique de la philosophie. Paris.

LAPLANCHE. J. et PONTALIS. J. 1985 Fantasme originaire. Fantasmes des origines. Origine du fantasme. Paris.

LAPLANCHE. J. et PONTALIS. J.B 1973 Vocabulaire de la psychanalyse. Paris.

LAVAU. G. et DUHAMEL. O. 1985 La démocratie, dans GRAWITZ et LECA. éd. 29-113.

LECLER. Joseph. 1953 Histoire de la tolérance au siècle de la Réforme. t.1. Paris.

LECLER. Joseph. 1955 Histoire de la tolérance au siècle de la Réforme. t.2. Paris.

LEFEBVRE. Henri. 1970 Le manifeste différentialiste. Paris.

LEGRAND. Gérard. 1982 Surréalisme, dans BIRO et PASSERON. éd. 388-389.

LENOIR. Raymond. 1923 Philosophie comparée et humanisme, dans Rev.synth.histor. t.36. 47-66.

LEON. Pierre. éd. 1978 Histoire économique et sociale du monde, t.2 : Les hésitations de la croissance (1580-1740). Paris.

LEQUENNE. Michel. 1980 Christophe Colomb à la découverte de l'Amérique, dans COLOMB. 7-27.

LEROY. Maurice. 1971 Les grands courants de la linguistique moderne. Bruxelles.

LEVEQUE. Pierre. 1969 Le monde hellénistique. Paris.

MAC LUHAN. Marshall. 1968 Pour comprendre les medias: les prolongements technologiques de l'homme. Paris.

MAIRET. Gérard. 1978 Peuple et nation, dans CHATELET. F. et MAIRET. G. éd. t.3 57-79

MARINO. Adrian. 1982 Etiemble, ou le comparatisme militant. Paris.

MARINO. Adrian. 1988 Comparatisme et théorie de la littérature. Paris.

MASSON-OURSEL. Paul. 1931 La philosophie comparée. Paris.

MAYDA. Jaro. 1970 Quelques réflexions critiques sur le droit comparé contemporain, dans Rev.int.droit comparé. 1970. 57-82.

MESCHONNIC. H. 1984 Traduction et littérature, dans BEAUMARCHAIS. éd. 2319-2324.

MILGRAM. Stanley. 1974 Soumission à l'autorité. Un point de vue expérimental. Paris.

MOAL. A. et PECHEUX. M.G. 1981 Perception, dans RONDAL et HURTIG. éd. 313-368.

MONTAIGNE. 1962 Oeuvres complètes. Textes établis par A. Thibaudet et M. Rat, notes de M. Rat. Paris.

MONTAIGNE. 1988 Les essais. t.3. Edit. par Pierre Villey. Paris.

MORÇAY. Raoul. 1933 La Renaissance. t.1. Paris.

MOREL. Georges. 1977 Questions d'homme, t.2 : L'autre. Paris.

MORIN. Edgar. 1982 Science avec conscience. Paris.

MORIN.E. et PIATELLI-PALMARINI 1983 L'unité de l'homme comme fondement et approche interdisciplinaire, dans Interdiscipl. et sc. humaines. t.1. 191-215.

MORINEAU. Michel. 1968 Histoire universelle, t.8 : Le XVIe siècle (L'âge de Jean Le Coullon). Paris.

MORINEAU. Michel. 1978 Le Siècle, dans LEON. P. éd. t.2. 63-106.

MOTTE. André. 1985 Platonisme et néo-platonisme, dans POUPARD. éd. 1326-1329.

MOUNOD. Pierre. 1987 L'utilisation du milieu et du corps propre par le bébé, dans PIAGET et al. éd. 563-601.

PALMADE. Guy. 1977 Interdisciplinarité et idéologies. Paris.

PAQUET. Marielle. éd. 1986 Une leçon d'histoire de Fernand Braudel. Paris.

PARAIN. Brice. éd. 1969 Histoire de la philosophie. t.1: Orient, Antiquité, Moyen Age. Paris.

PASSERON. Jean-Claude. 1986 Les sciences sociales: unité et diversité, dans GUILLAUME. éd. 10-15.

PECAUT. Myriam. 1982 La matrice du style. Essai sur l'inconscient originaire. Paris.

PIAGET. Jean. 1967 Les deux problèmes principaux de l'épistémologie des sciences de l'homme, dans PIAGET. éd. 1114-1146.

PIAGET. Jean. éd. 1967 Logique et connaissance scientifique. Paris.

PIAGET. Jean. 1971 La situation des sciences de l'homme dans le système des sciences, dans HAVET. éd. 1-65.

PIAGET. Jean. 1971 La psychologie, dans HAVET. éd. 274-339.

PIAGET. Jean. et al. éd. 1987 Psychologie. Paris.

PICHOIS. Cl. et ROUSSEAU. A.M. 1967 La littérature comparée. Paris.

PIVETEAU. J. 1978 Projection (psychanalyse), dans Encycl. Univers., t.13. 632-633.

POIRIER. Jean-Louis. 1988 Les Sophistes. Textes traduits, présentés et annotés par-. Paris.

PONTALIS. J.B. 1984 Encore un métier impossible, dans L'écrit du temps, n° 7. 71-75.

POUPARD. Paul. éd. 1985 Dictionnaire des religions. Paris.

PRIGOGINE. Ilya. 1988 Intervention, dans CONFERENCE... 1988.

QUINE. W.V. 1977 Relativité de l'ontologie et quelques autres essais. Paris.

RAMNOUX. Clémence. 1969 Les Présocratiques, dans PARAIN. éd. 405-450.

REVEL. Jean-François. 1983 Comment les démocraties finissent. Paris.

REYMOND-RIVIER. Berthe. 1981 Développement affectif et conduites sociales, dans RONDAL et HURTIG. éd. 271-312.

RODIS-LEWIS. Geneviève. 1984 Descartes. Paris.

REYMOND-RIVIER. Berthe. 1987 Les fonctions des relations sociales, dans PIAGET et al. éd. 790-820.

ROKKAN. Stein. 1971 Recherche trans-culturelle, trans-sociétale et trans-nationale, dans HAVET. éd. 765-821.

ROMEYER-DHERBEY. Gilbert. 1985 Les Sophistes. Paris.

RONAN. Colin. 1988 Histoire mondiale des sciences. Paris.

RONDAL. J.A. et HURTIG. éd. 1981 Introduction à la psychologie de l'enfant. t.2. Bruxelles.

ROSE. Hilary. et al. 1977 L'idéologie de/dans la science. Paris.

SCHNEEBAUM. Tobias. 1971 Au pays des hommes nus. Paris.

SERRES. Michel. 1980 Hermès V: Le passage du nord-ouest. Paris.

SERVIER. Jean. 1980 L'homme et l'invisible. Paris.

SILLAMY. Norbert. 1980 Topique, dans SILLAMY. éd. 1191.

SILLAMY. Norbert. éd. 1980 Dictionnaire encyclopédique de psychologie. t.2. Paris.

SMIRNOV. Stanislav N. 1983 L'approche interdisciplinaire dans la science d'aujourd'hui: fondements..., dans Interdiscipl.et sc.hum. t.1. 53-71.

SNOW. C. et FERGUSON. Ch. éd. 1977 Talkink to Children. Language Input and Acquisition. Papers from a Conference... Cambridge (UK).

STEINER. Georges. 1978 Après Babel: une poétique du dire et de la traduction. Paris.

STRUVE. Nikita. 1985 Soljénitsyne Alexandre Isaievitch, dans POUPARD. éd. 1602-1605.

TINTANT. Henri. 1986 La loi et l'événement, dans Bullet. Soc. Géolog. de France. 8. t. II. n° 1. 185-190.

VALABREGA. Jean-Paul. 1988 Note sur la quête de l'origine, dans L'homme. t. 105. 29-24.

VAN BEVER. Pierre. 1988 Xenios, xenien, xenia, dans Linguistica Antwerpiensia. t.22. 245-247.

VAN DER GEEST. Ton. 1977 Some Interactional Aspects of Language Acquisition, dans SNOW et FERGUSON. éd. 89-107.

VAN HOOF. Henri. 1986 Petite histoire de la traduction en Occident. Leuven.

WAHL. Jean. 1969 Platon, dans PARAIN. éd. 464-607.

WALLON. Henri. 1980 Les origines du caractère chez l'enfant. Les préludes du sentiment de personnalité. Paris.

WEBER. Eugen. 1986 Une histoire de l'Europe. t. 1 : De la Renaissance au XVIIIème siècle. Paris.

WEBER. Renée. éd. 1988 Dialogues avec des scientifiques et des sages. La quête de l'unité. Monte-Carlo.

WHITEHEAD. Alfred North. 1929 Process and Reality. An Essay in Cosmology. New York-Cambridge.

WIBERG. Matti. 1988 Between Apathy and Revolutions. Explications of the Conditions for Political Legitimacy. Turku.

WILLS. Dorothy Davis. 1977 Participant Deixis in English and Baby talk, dans SNOW et FERGUSON. éd. 271-295.

ZLATESCU. Victor Dan. 1983 Quelques aspects méthodologiques de la comparaison des droits, dans Rev.int.droit comparé. 1983. 559-566.

Table des matières

PUBLICATIONS LINGUISTIQUES DE LOUVAIN

Directeurs: Yves DUHOUX – Guy JUCQUOIS

Comité scientifique: Yves DUHOUX (Louvain-la-Neuve), Frédéric FRANÇOIS (Paris), Guy JUCQUOIS (Louvain-la-Neuve), Mortéza MAHMOUDIAN (Lausanne), Andrée TABOURET-KELLER (Strasbourg)

Les commandes, de même que les manuscrits destinés à la publication et les offres d'échanges, sont à adresser exclusivement à l'adresse suivante:

PEETERS
Bondgenotenlaan 153
B-3000 Leuven

BIBLIOTHÈQUE DES CILL (BCILL)

BCILL 1: JUCQUOIS G., *La reconstruction linguistique. Application à l'indo-européen*, 267 pp., 1976 (réédition de CD 2). Pris: 670,- FB.
A l'aide d'exemples repris principalement aux langues indo-européennes, ce travail vise à mettre en évidence les caractères spécifiques ou non des langues reconstruites: universaux, théorie de la racine, reconstruction lexicale et motivation.

BCILL 2-3: JUCQUOIS G., *Introduction à la linguistique différentielle, I + II*, 313 pp., 1976 (réédition de CD 8-9). Prix: 790,- FB.
Cet ouvrage tente de répondre aux questions qui se posent au linguiste lorsqu'il est confronté à la description simultanée de plusieurs systèmes linguistiques. Dans le premier volume, après une approche des problèmes de classification et du concept de parenté, on étudie la question des universaux, puis la typologie linguistique. Le second volume est consacré aux problèmes théoriques et pratiques de la linguistique aréale et de la linguistique génétique.

BCILL 4: *Löwen und Sprachtiger. Actes du 8ᵉ colloque de Linguistique* (Louvain, septembre 1973), **éd. KERN R.**, 584 pp., 1976. Prix: 1.500,- FB.
La quarantaine de communications ici rassemblées donne un panorama complet des principales tendances de la linguistique actuelle.

BCILL 5: *Language in Sociology,* **éd. VERDOODT A. et KJOLSETH Rn,** 304 pp., 1976. Prix: 760,- FB.
From the 153 sociolinguistics papers presented at the 8th World Congress of Sociology, the editors selected 10 representative contributions about language and education, industrialization, ethnicity, politics, religion, and speech act theory.

BCILL 6: **HANART M.,** *Les littératures dialectales de la Belgique romane: Guide bibliographique,* 96 pp., 1976 (2ᵉ tirage, corrigé de CD 12). Prix: 340,- FB.
En un moment où les littératures connexes suscitent un regain d'intérêt indéniable, ce livre rassemble une somme d'informations sur les productions littéraires wallonnes, mais aussi picardes et lorraines. Y sont également considérés des domaines annexes comme la linguistique dialectale et l'ethnographie.

BCILL 7: *Hethitica II,* **éd. JUCQUOIS G. et LEBRUN R.,** avec la collaboration de DEVLAMMINCK B., II-159 pp., 1977, Prix: 480,- FB.
Cinq ans après *Hethitica I* publié à la Faculté de Philosophie et Lettres de l'Université de Louvain, quelques hittitologues belges et étrangers fournissent une dizaine de contributions dans les domaines de la linguistique anatolienne et des cultures qui s'y rattachent.

BCILL 8: **JUCQUOIS G. et DEVLAMMINCK B.,** *Compléments aux dictionnaires étymologiques du grec.* Tome I: A-K, II-121 pp., 1977. Prix: 380,- FB.
Le *Dictionnaire étymologique de la langue grecque* du regretté CHANTRAINE P. est déjà devenu, avant la fin de sa parution, un classique indispensable pour les hellénistes. Il a fait l'objet de nombreux comptes rendus, dont il a semblé intéressant de regrouper l'essentiel en un volume. C'est le but que poursuivent ces *Compléments aux dictionnaires étymologiques du grec.*

BCILL 9: **DEVLAMMINCK B. et JUCQUOIS G.,** *Compléments aux dictionnaires étymologiques du gothique.* Tome I: A-F, II-123 pp., 1977. Prix: 380,- FB.
Le principal dictionnaire étymologique du gothique, celui de Feist, date dans ses dernières éditions de près de 40 ans. En attendant une refonte de l'œuvre qui incorporerait les données récentes, ces compléments donnent l'essentiel de la littérature publiée sur ce sujet.

BCILL 10: **VERDOODT A.,** *Les problèmes des groupes linguistiques en Belgique: Introduction à la bibliographie et guide pour la recherche,* 235 pp., 1977 (réédition de CD 1). Prix: 590,- FB.
Un «trend-report» de 2.000 livres et articles relatifs aux problèmes socio-linguistiques belges. L'auteur, qui a obtenu l'aide de nombreux spécialistes, a notamment dépouillé les catalogues par matière des bibliothèques universitaires, les principales revues belges et les périodiques sociologiques et linguistiques de classe internationale.

BCILL 11: **RAISON J. et POPE M.,** *Index transnuméré du linéaire A,* 333 pp., 1977. Prix: 840,- FB.
Cet ouvrage est la suite, antérieurement promise, de RAISON-POPE, Index du linéaire A, Rome 1971. A l'introduction près (et aux dessins des «mots»), il en reprend entièrement le contenu et constitue de ce fait une édition nouvelle, corrigée sur les originaux en 1974-76 et augmentée des textes récemment publiés d'Arkhanès, Knossos, La Canée, Zakro, etc., également autopsiés et rephotographiés par les auteurs.

BCILL 12: **BAL W. et GERMAIN J.**, *Guide bibliographique de linguistique romane,* VI-267 pp., 1978. Prix 685,- FB., ISBN 2-87077-097-9, 1982, ISBN 2-8017-099-1.
Conçu principalement en fonction de l'enseignement, cet ouvrage, sélectif, non exhaustif, tâche d'être à jour pour les travaux importants jusqu'à la fin de 1977. La bibliographie de linguistique romane proprement dite s'y trouve complétée par un bref aperçu de bibliographie générale et par une introduction bibliographique à la linguistique générale.

BCILL 13: **ALMEIDA I.**, *L'opérativité sémantique des récits-paraboles. Sémiotique narrative et textuelle. Herméneutique du discours religieux.* Préface de Jean LADRIÈRE, XIII-484 pp., 1978. Prix: 1.250,- FB.
Prenant comme champ d'application une analyse sémiotique fouillée des récits-paraboles de l'Évangile de Marc, ce volume débouche sur une réflexion herméneutique concernant le monde religieux de ces récits. Il se fonde sur une investigation épistémologique contrôlant les démarches suivies et situant la sémiotique au sein de la question générale du sens et de la comprehension.

BCILL 14: *Études Minoennes I: le linéaire A,* **éd. Y. DUHOUX,** 191 pp., 1978. Prix: 480,- FB.
Trois questions relatives à l'une des plus anciennes écritures d'Europe sont traitées dans ce recueil; évolution passée et état présent des recherches; analyse linguistique de la langue du linéaire A; lecture phonétique de toutes les séquences de signes éditées à ce jour.

BCILL 15: *Hethitica III,* 165 pp., 1979. Prix: 490,- FB.
Ce volume rassemble quatre études consacrées à la titulature royale hittite, la femme dans la société hittite, l'onomastique lycienne et gréco-asianique, les rituels CTH 472 contre une impureté.

BCILL 16: **GODIN P.**, *Aspecten van de woordvolgorde in het Nederlands. Een syntaktische, semantische en functionele benadering,* VI + 338 pp., 1980. Prix: 1.000,- FB., ISBN 2-87077-241-6.
In dit werk wordt de stelling verdedigd dat de woordvolgorde in het Nederlands beregeld wordt door drie hoofdfaktoren, nl. de syntaxis (in de engere betekenis van dat woord), de semantiek (in de zin van distributie van de dieptekasussen in de oppervlaktestruktuur) en het zgn. functionele zinsperspektief (d.i. de distributie van de constituenten naargelang van hun graad van communicatief dynamisme).

BCILL 17: **BOHL S.**, *Ausdrucksmittel für ein Besitzverhältnis im Vedischen und Griechischen,* III + 108 pp., 1980. Prix: 360,- FB., ISBN 2-87077-170-3.
This study examines the linguistic means used for expressing possession in Vedic Indian and Homeric Greek. The comparison, based on a select corpus of texts, reveals that these languages use essentially inherited devices but with differing frequency ratios. In addition Greek has developed a verb "to have", the result of a different rhythm in cultural development.

BCILL 18: **RAISON J. et POPE M.**, *Corpus transnuméré du linéaire A,* 350 pp., 1980. Prix: 1.100,- FB.
Cet ouvrage est, d'une part, la clé à l'Index transnuméré du linéaire A des mêmes auteurs, BCILL 11: de l'autre, il ajoute aux recueils d'inscriptions déjà publiés de plusieurs côtés des compléments indispensables: descriptions, transnumérations, apparat critique, localisation précise et chronologie détaillée des textes, nouveautés diverses, etc.

BCILL 19: **FRANCARD M.**, *Le parler de Tenneville. Introduction à l'étude linguistique des parlers wallo-lorrains*, 312 pp., 1981. Prix: 780,- FB., ISBN 2-87077-000-6.
Dialectologues, romanistes et linguistes tireront profit de cette étude qui leur fournit une riche documentation sur le domaine wallo-lorrain, un aperçu général de la segmentation dialectale en Wallonie, et de nouveaux matériaux pour l'étude du changement linguistique dans le domaine gallo-roman. Ce livre intéressera aussi tous ceux qui sont attachés au patrimoine culturel du Luxembourg belge en particulier, et de la Wallonie en général.

BCILL 20: **DESCAMPS A. et al.**, *Genèse et structure d'un texte du Nouveau Testament. Étude interdisciplinaire du chapitre 11 de l'Évangile de Jean*, 292 pp., 1981. Prix: 895,- FB.
Comment se pose le problème de l'intégration des multiples approches d'un texte biblique? Comment articuler les unes aux autres les perspectives développées par l'exégèse historicocritique et les approches structuralistes? C'est à ces questions que tentent de répondre les auteurs à partir de l'étude du récit de la résurrection de Lazare. Ce volume a paru simultanément dans la collection «Lectio divina» sous le n° 104, au Cerf à Paris, ISBN 2-204-01658-6.

BCILL 21: *Hethitica IV*, 155 pp., 1981. Prix: 390,- FB., ISBN 2-87077-026.
Six contributions d'E. Laroche, F. Bader, H. Gonnet, R. Lebrun et P. Crepon sur: les noms des Hittites; hitt. zinna-; un geste du roi hittite lors des affaires agraires; vœux de la reine à Istar de Lawazantiya; pauvres et démunis dans la société hittite; le thème du cerf dans l'iconographie anatolienne.

BCILL 22: **J.-J. GAZIAUX**, *L'élevage des bovidés à Jauchelette en roman pays de Brabant. Étude dialectologique et ethnographique*, XVIII + 372 pp., 1 encart, 45 illustr., 1982. Prix: 1.170,- FB., ISBN 2-87077-137-1.
Tout en proposant une étude ethnographique particulièrement fouillée des divers aspects de l'élevage des bovidés, avec une grande sensibilité au facteur humain, cet ouvrage recueille le vocabulaire wallon des paysans d'un petit village de l'est du Brabant, contrée peu explorée jusqu'à présent sur le plan dialectal.

BCILL 23: *Hethitica V*, 131 pp., 1983. Prix: 330,- FB., ISBN 2-87077-155-X.
Onze articles de H. Berman, M. Forlanini, H. Gonnet, R. Haase, E. Laroche, R. Lebrun, S. de Martino, L.M. Mascheroni, H. Nowicki, K. Shields.

BCILL 24: **L. BEHEYDT**, *Kindertaalonderzoek. Een methodologisch handboek*, 252 pp., 1983. Prix: 620,- FB., ISBN 2-87077-171-1.
Dit werk begint met een overzicht van de trends in het kindertaalonderzoek. Er wordt vooral aandacht besteed aan de methodes die gebruikt worden om de taalontwikkeling te onderzoeken en te bestuderen. Het biedt een gedetailleerd analyserooster voor het onderzoek van de receptieve en de produktieve taalwaardigheid zowel door middel van tests als door middel van bandopnamen. Zowel onderzoek van de woordenschat als onderzoek van de grammatica komen uitvoerig aan bod.

BCILL 25: **J.-P. SONNET**, *La parole consacrée. Théorie des actes de langage, linguistique de l'énonciation et parole de la foi*, VI-197 pp., 1984. Prix: 520,- FB. ISBN 2-87077-239-4.
D'où vient que la parole de la foi ait une telle force?
Ce volume tente de répondre à cette question en décrivant la «parole consacrée», en cernant la puissance spirituelle et en définissant la relation qu'elle instaure entre l'homme qui la prononce et le Dieu dont il parle.

BCILL 26: **A. MORPURGO DAVIES - Y. DUHOUX (ed.),** *Linear B: A 1984 Survey.* *Proceedings of the Mycenaean Colloquium of the VIIIth Congress of the International Federation of the Societies of Classical Studies (Dublin, 27 August-1st September 1984)*, 310 pp., 1985. Price: 850 FB., ISBN 2-87077-289-0.
Six papers by well known Mycenaean specialists examine the results of Linear B studies more than 30 years after the decipherment of the script. Writing, language, religion and economy are all considered with constant reference to the Greek evidence of the First Millennium B.C. Two additional articles introduce a discussion of archaeological data which bear on the study of Mycenaean religion.

BCILL 27: *Hethitica VI*, 204 pp., 1985. Prix: 550 FB. ISBN 2-87077-290-4.
Dix articles de J. Boley, M. Forlanini, H. Gonnet, E. Laroche, R. Lebrun, E. Neu, M. Paroussis, M. Poetto, W.R. Schmalstieg, P. Swiggers.

BCILL 28: **R. DASCOTTE,** *Trois suppléments au dictionnaire du wallon du Centre*, 359 pp., 1 encart, 1985. Prix: 950 FB. ISBN 2-87077-303-X.
Ce travail comprend 5.200 termes qui apportent un complément substantiel au *Dictionnaire du wallon du Centre* (8.100 termes). Il est le fruit de 25 ans d'enquête sur le terrain et du dépouillement de nombreux travaux dont la plupart sont inédits, tels des mémoires universitaires. Nul doute que ces *Trois suppléments au dictionnaire du wallon du Centre* intéresseront le spécialiste et l'amateur.

BCILL 29: **B. HENRY,** *Les enfants d'immigrés italiens en Belgique francophone. Seconde génération et comportement linguistique*, 360 pp., 1985. Prix: 950 FB. ISBN 2-87077-306-4.
L'ouvrage se veut un constat de la situation linguistique de la seconde génération immigrée italienne en Belgique francophone en 1976. Il est basé sur une étude statistique du comportement linguistique de 333 jeunes issus de milieux immigrés socio-économiques modestes. De chiffres préoccupants qui parlent et qui donnent à réfléchir...

BCILL 30: **H. VAN HOOF,** *Petite histoire de la traduction en Occident*, 105 pp., 1986. Prix: 380 FB. ISBN 2-87077-343-9.
L'histoire de notre civilisation occidentale vue par la lorgnette de la traduction. De l'Antiquité à nos jours, le rôle de la traduction dans la transmission du patrimoine gréco-latin, dans la christianisation et la Réforme, dans le façonnage des langues, dans le développement des littératures, dans la diffusion des idées et du savoir. De la traduction orale des premiers temps à la traduction automatique moderne, un voyage fascinant.

BCILL 31: **G. JUCQUOIS,** *De l'égocentrisme à l'ethnocentrisme*, 421 pp., 1986. Prix: 1.100 FB. ISBN 2-87077-352-8.
La rencontre de l'Autre est au centre des préoccupations comparatistes. Elle constitue toujours un événement qui suscite une interpellation du sujet: les manières d'être, d'agir et de penser de l'Autre sont autant de questions sur nos propres attitudes.

BCILL 32: **G. JUCQUOIS,** *Analyse du langage et perception culturelle du changement*, 240 pp., 1986. Prix: 640 FB. ISBN 2-87077-353-6.
La communication suppose la mise en jeu de différences dans un système perçu comme permanent. La perception du changement est liée aux données culturelles: le concept de différentiel, issu très lentement des mathématiques, peut être appliqué aux sciences du vivant et aux sciences de l'homme.

BCILL 33-35: **L. DUBOIS**, *Recherches sur le dialecte arcadien*, 3 vol., 236, 324, 134 pp., 1986. Prix: 1.975 FB. ISBN 2-87077-370-6.
Cet ouvrage présente aux antiquisants et aux linguistes un corpus mis à jour des inscriptions arcadiennes ainsi qu'une description synchronique et historique du dialecte. Le commentaire des inscriptions est envisagé sous l'angle avant tout philologique; l'objectif de la description de ce dialecte grec est la mise en évidence de nombreux archaïsmes linguistiques.

BCILL 36: *Hethitica VII*, 267 pp., 1987. Prix: 800 FB.
Neuf articles de P. Cornil, M. Forlanini, H. Gonnet, R. Haase, G. Kellerman, R. Lebrun, K. Shields, O. Soysal, Th. Urbin Choffray.

BCILL 37: *Hethitica VIII. Acta Anatolica E. Laroche oblata,* 426 pp., 1987. Prix: 1.300 FB.
Ce volume constitue les *Actes* du Colloque anatolien de Paris (1-5 juillet 1985): articles de D. Arnaud, D. Beyer, Cl. Brixhe, A.M. et B. Dinçol, F. Echevarria, M. Forlanini, J. Freu, H. Gonnet, F. Imparati, D. Kassab, G. Kellerman, E. Laroche, R. Lebrun, C. Le Roy, A. Morpurgo Davies et J.D. Hawkins, P. Neve, D. Parayre, F. Pecchioli-Daddi, O. Pelon, M. Salvini, I. Singer, C. Watkins.

BCILL 38: **J.-J. GAZIAUX**, *Parler wallon et vie rurale au pays de Jodoigne à partir de Jauchelette.* Avant-propos de Willy Bal, 368 pp., 1987. Prix: 790 FB.
Après avoir caractérisé le parler wallon de la région de Jodoigne, l'auteur de ce livre abondamment illustré s'attache à en décrire le cadre villageois, à partir de Jauchelette. Il s'intéresse surtout à l'évolution de la population et à divers aspects de la vie quotidienne (habitat, alimentation, distractions, vie religieuse), dont il recueille le vocabulaire wallon, en alliant donc dialectologie et ethnographie.

BCILL 39: **G. SERBAT**, *Linguistique latine et Linguistique générale*, 74 pp., 1988. Prix: 280 FB. ISBN 90-6831-103-4.
Huit conférences faites dans le cadre de la Chaire Francqui, d'octobre à décembre 1987, sur: le temps; deixis et anaphore; les complétives; la relative; nominatif; génitif partitif; principes de la dérivation nominale.

BCILL 40: *Anthropo-logiques*, éd. D. Huvelle, J. Giot, R. Jongen, P. Marchal, R. Pirard (Centre interdisciplinaire de Glossologie et d'Anthropologie Clinique), 202 pp., 1988. Prix: 600 FB. ISBN 90-6831-108-5.
En un moment où l'on ne peut plus ignorer le malaise épistémologique où se trouvent les sciences de l'humain, cette série nouvelle publie des travaux situés dans une perspective anthropo-logique unifiée mais déconstruite, épistémologiquement et expérimentalement fondée. Domaines abordés dans ce premier numéro: présentation générale de l'anthropologie clinique; épistémologie; linguistique saussurienne et glossologie; méthodologie de la description de la grammaticalité langagière (syntaxe); anthropologie de la personne (l'image spéculaire).

BCILL 41: **M. FROMENT**, *Temps et dramatisation dans les récits écrits d'élèves de 5ème*, 268 pp., 1988. Prix: 850 FB.
Les récits soumis à l'étude ont été analysés selon les principes d'une linguistique qui intègre la notion de circulation discursive, telle que l'a développée M. Bakhtine.
La comparaison des textes a fait apparaître que le temps était un principe différenciateur, un révélateur du type d'histoire racontée.
La réflexion sur la temporalité a également conduit à constituer une typologie des textes intermédiaire entre la langue et la diversité des productions, en fonction de leur homogénéité.

BCILL 42: **Y.L. ARBEITMAN** (ed.), *A Linguistic Happening in Memory of Ben Schwartz. Studies in Anatolian, Italic and Other Indo-European Languages*, 598 pp., 1988. Prix: 1800,- FB.
36 articles dédiés à la mémoire de B. Schwartz traitent de questions de linguistique anatolienne, italique et indo-européenne.

BCILL 43: *Hethitica IX*, 179 pp., 1988. Prix: 540 FB. ISBN. Cinq articles de St. DE MARTINO, J.-P. GRÉLOIS, R. LEBRUN, E. NEU, A.-M. POLVANI.

BCILL 44: **M. SEGALEN** (éd.), *Anthropologie sociale et Ethnologie de la France*, 873 pp., 1989. Prix: 2.620 FB. ISBN 90-6831-157-3 (2 vol.).
Cet ouvrage rassemble les 88 communications présentées au Colloque International «Anthropologie sociale et Ethnologie de la France» organisé en 1987 pour célébrer le cinquantième anniversaire du Musée national des Arts et Traditions populaires (Paris), une des institutions fondatrices de la discipline. Ces textes montrent le dynamisme et la diversité de l'ethnologie chez soi. Ils sont organisés autour de plusieurs thèmes: le regard sur le nouvel «Autre», la diversité des cultures et des identités, la réévaluation des thèmes classiques du symbolique, de la parenté ou du politique, et le rôle de l'ethnologue dans sa société.

BCILL 45: **J.-P. COLSON**, *Krashens monitortheorie: een experimentele studie van het Nederlands als vreemde taal. La théorie du moniteur de Krashen: une étude expérimentale du néerlandais, langue étrangère*, 226 pp., 1989. Prix: 680 FB. ISBN 90-6831-148-4.
Doel van dit onderzoek is het testen van de monitortheorie van S.D. Krashen in verband met de verwerving van het Nederlands als vreemde taal. Tevens wordt uiteengezet welke plaats deze theorie inneemt in de discussie die momenteel binnen de toegepaste taalwetenschap gaande is.

BCILL 46: *Anthropo-logiques* 2 (1989), 324 pp., 1989. Prix: 970 FB. ISBN 90-6831-156-5.
Ce numéro constitue les Actes du Colloque organisé par le CIGAC du 5 au 9 octobre 1987. Les nombreuses interventions et discussions permettent de dégager la spécificité épistémologique et méthodologique de l'anthropologie clinique: approches (théorique ou clinique) de la rationalité humaine, sur le plan du signe, de l'outil, de la personne ou de la norme.

BCILL 47: *Le comparatisme*, t. 1: *Généalogie d'une méthode*, 206 pp., 1989. Prix: 750 FB. ISBN 90-6831-171-9.
Le comparatisme, en tant que méthode scientifique, n'apparaît qu'au XIXᵉ siècle. En tant que manière d'aborder les problèmes, il est beaucoup plus ancien. Depuis les premières manifestations d'un esprit comparatiste, à l'époque des Sophistes de l'Antiquité, jusqu'aux luttes théoriques qui préparent, vers la fin du XVIIIᵉ siècle, l'avènement d'une méthode comparative, l'histoire des mentalités permet de préciser ce qui, dans une société, favorise l'émergence contemporaine de cette méthode.

BCILL 48: *La méthode comparative dans les sciences de l'homme*, 138 pp., 1989. Prix: 560 FB. ISBN 90-6831-169-7.
La méthode comparative semble bien être spécifique aux sciences de l'homme. En huit chapitres, reprenant les textes de conférences faites à Namur en 1989, sont présentés les principaux moments d'une histoire du comparatisme, les grands traits de la méthode et quelques applications interdisciplinaires.

SÉRIE PÉDAGOGIQUE DE L'INSTITUT DE LINGUISTIQUE DE LOUVAIN (SPILL).

SPILL 1: **JUCQUOIS G.,** avec la collaboration de **LEUSE J.,** *Conventions pour la présentation d'un texte scientifique*, 1978, 54 pp. (épuisé).

SPILL 2: **JUCQUOIS G.,** *Projet pour un traité de linguistique différentielle,* 1978, 67 pp. Prix: 170,- FB.
Exposé succinct destiné à de régulières mises à jour de l'ensemble des projets et des travaux en cours dans une perspective différentielle au sein de l'Institut de Linguistique de Louvain.

SPILL 3; **JUCQUOIS G.,** *Additions 1978 au «Projet pour un traité de linguistique différentielle»*, 1978, 25 pp. Prix: 70,- FB.

SPILL 4: **JUCQUOIS G.,** *Paradigmes du vieux-slave*, 1979, 33 pp. Prix: 100,- FB.
En vue de faciliter l'étude élémentaire de la grammaire du vieux-slave et de permettre aux étudiants d'en identifier rapidement les formes, ce volume regroupe l'ensemble des paradigmes de cette langue liturgique.

SPILL 5: **BAL W. - GERMAIN J.,** *Guide de linguistique*, 1979, 108 pp. Prix: 275,- FB.
Destiné à tous ceux qui désirent s'initier à la linguistique moderne, ce guide joint à un exposé des notions fondamentales et des connexions interdisciplinaires de cette science une substantielle documentation bibliographique sélective, à jour, classée systématiquement et dont la consultation est encore facilitée par un index détaillé.

SPILL 6: **JUCQUOIS G. - LEUSE J.,** *Ouvrages encyclopédiques et terminologiques en sciences humaines*, 1980, 66 pp. Prix: 165,- FB.
Brochure destinée à permettre une première orientation dans le domaine des diverses sciences de l'homme. Trois sortes de travaux y sont signalés: ouvrages de terminologie, ouvrages d'introduction, et ouvrages de type encyclopédique.

SPILL 7: **DONNET D.,** *Paradigmes et résumé de grammaire sanskrite,* 64 pp., 1980. Prix: 160,- FB.
Dans cette brochure, qui sert de support à un cours d'initiation, sont envisagés: les règles du sandhi externe et interne, les paradigmes nominaux et verbaux, les principes et les classifications de la composition nominale.

SPILL 8-9: **DEROY L.,** *Padaśas. Manuel pour commencer l'étude du sanskrit même sans maître*, 2 vol., 203 + 160 pp., 2e éd., 1984. Prix: 1.090,- FB., ISBN 2-87077-274-2.
Méthode progressive apte à donner une connaissance élémentaire et passive du sanskrit (en transcription). Chaque leçon de grammaire est illustrée par des textes simples (proverbes, maximes et contes). Le second volume contient un copieux lexique, une traduction des textes (pour contrôle) et les éléments pour étudier, éventuellement, à la fin, l'écriture nâgarî.

SPILL 10: *Langage ordinaire et philosophie chez le second WITTGENSTEIN. Séminaire de philosophie du langage 1979-1980,* **édité par MALHERBE J.F.,** 139 pp., 1980. Prix: 350,- FB. ISBN 2-87077-014-6.
Si, comme le soutenait Wittgenstein, **la signification c'est l'usage,** c'est en étudiant l'usage d'un certain nombre de termes clés de la langue du philosophe que l'on pourra, par-delà le découpage de sa pensée en aphorismes, tenter une synthèse de quelques thèmes majeurs des **investigations philosophiques.**

SPILL 11: **PIERRET J.M.,** *Phonétique du français. Notions de phonétique générale et phonétique du français,* V-245 pp. + 4 pp. hors texte, 1985. Prix: 550,- FB. ISBN 2-87077-018-9.
Ouvrage d'initiation aux principaux problèmes de la phonétique générale et de la phonétique du français. Il étudie, en outre, dans une section de phonétique historique, l'évolution des sons, du latin au français moderne.

SPILL 12: **Y. DUHOUX,** *Introduction aux dialectes grecs anciens. Problèmes et méthodes. Recueil de textes traduits,* 111 pp., 1983. Prix: 280,- FB. ISBN 2-87077-177-0.
Ce petit livre est destiné aux étudiants, professeurs de grec et lecteurs cultivés désireux de s'initier à la dialectologie grecque ancienne: description des parlers; classification dialectale; reconstitution de la préhistoire du grec. Quatorze cartes et tableaux illustrent l'exposé, qui est complété par une bibliographie succincte. La deuxième partie de l'ouvrage rassemble soixante-huit courtes inscriptions dialectales traduites et accompagnées de leur bibliographie.

SPILL 13: **G. JUCQUOIS,** *Le travail de fin d'études. Buts, méthode, présentation,* 82 pp., 1984. Prix: 230,- FB. ISBN 2-87077-224-6.
Les étudiants se posent souvent la question des buts du travail de fin d'études: quel est le rôle de ce travail dans leur formation, comment rassembler les informations nécessaires, comment les traiter, comment les présenter? Voilà quelques unes des grandes questions auxquelles on tente de répondre

INDEX ET CONCORDANCES DE L'INSTITUT DE LINGUISTIQUE DE LOUVAIN (ICILL).

ICILL 1: **JUCQUOIS,** avec la collaboration de **B. DEVLAMMINCK et de J. LEUSE,** *La transcription des langues indo-européennes anciennes et modernes: normalisation et adaptation pour l'ordinateur.* 1980, 109 pp. Prix: 600,- FB.

ICILL 2: **E. NIEUWBORG et J. WEISSHAUPT,** avec la collaboration de **D. REULEN,** *Concordantielijst van Zuidnederlandse Romans:* **H. CLAUS,** *Natuurgetrouwer; De Zwarte Keizer; Het jaar van de Kreeft,* 1979, 12 pp.+3.435 pp. en 14 microfiches. Prix: 1.000,- FB.

ICILL 3: **G. JUCQUOIS et B. DEVLAMMINCK,** *Die Sprache I (1949) - 20 (1974):* index des formes, 1979, XVI-301 pp. Prix: 1.000,- FB.

ICILL 4: **E. NIEUWBORG et J. WEISSHAUPT,** avec la collaboration de **D. REULEN,** Concordance de: CESBRON G., *Notre prison et un royaume.* Concordance de *G. BERNANOS, L'imposture.* 1981, 12 pp.+3.176 pp. en 12 microfiches. Prix: 950,- FB.

ICILL 6: **E. NIEUWBORG et J. WEISSHAUPT,** avec la collaboration de **R. REULEN,** Concordantielijsten van weekbladen en krantentaal (Zuidnederlands taalgebied). 1981, 12 pp.+2.606 pp. en 11 microfiches. Prix: 800,- FB.

ICILL 11: **E. NIEUWBORG et J. WEISSHAUPT,** avec la collaboration de **R. REULEN,** Concordantielijsten van Zuidnederlandse letterkunde - Hubert LAMPO, *De komst van Joachim Stiller. Er is méér, Horatio.* 1981, 16×24, 12 pp. +2.403 pp. en 10 microfiches. Prix: 800,- FB.